Sur l'auteur

Arthur Cerf est journaliste pour le magazine *Society* depuis 2015 et pour *Vanity Fair* depuis 2020. Il écrit des papiers sur des sujets divers, comme une affaire criminelle mêlant francs-maçons, faux espions et coachs en entreprise ; un gourou du développement personnel ; la course à l'hyperloop ; une star déchue de la French Tech ; le créateur de Chatroulette ; une course opposant l'homme au cheval ou encore des jeunes gens lancés dans la quête du bonheur à la campagne.

Dans la même collection
aux Éditions 10/18

L'AFFAIRE ALICE CRIMMINS, n° 5838
L'AFFAIRE DU GOLDEN STATE KILLER, n° 5839
L'INCONNU DE CLEVELAND, n° 5866
LES MEURTRES DU LOWCOUNTRY, n° 5896

ARTHUR CERF

LES MEURTRES DU LOWCOUNTRY

ISBN 978-2-264-08195-7
Dépôt légal : octobre 2023

« Le passé n'est jamais mort. Il n'est même pas passé. »

William Faulkner

PARTIE 1

UNE HISTOIRE VRAIE
EN L'AN 2021

1.

COMME UN LUNDI

7 juin 2021. Plusieurs heures déjà que les rocking-chairs se balancent, que les climatiseurs tournent et que les moustiques bourdonnent dans la chaleur moite, bientôt suffocante, quand Alex Murdaugh se lève enfin. À cinquante-trois ans, il n'est pas du matin, et on ne va pas le refaire. Ces temps-ci, la balance indique cent vingt kilos. C'est beaucoup, même pour un grand gaillard d'un mètre quatre-vingt-treize, mais là non plus, on ne le changera pas. Après tout, c'est aussi ce que les autres aiment chez lui : cet embonpoint honnête, cette jovialité aimable et cette bonhomie si évidente. Dans le miroir, en cette fin de matinée de printemps, ses cheveux blancs se mêlent aux roux au-dessus d'un visage rose. Sur cette terre de pins et de marécages nommée Lowcountry, dans le

sud de la Caroline du Sud, il est ce qu'on appelle un *good ol' boy*, un bon gars du Sud, bien comme il faut. Qui irait lui reprocher son heure de lever ?

Alex enfile un pantalon kaki, un polo à manches courtes, une paire de chaussures en cuir marron bien rangées. Son épouse, Maggie, est déjà partie. Ses deux fils, Paul et Buster, ne sont pas là non plus. Seule Blanca, la femme de ménage, est présente. Elle s'active depuis le matin dans la grande maison blanche avec porche. Un peu plus tôt, Maggie lui a envoyé un message pour lui demander de passer au supermarché acheter des Capri-Sun pour Alex, goût ananas – en fait, non, corrigeait un second message : plutôt goût orange. Blanca n'en a pas trouvé, tant pis. Elle reste pourtant vigilante. Au moment où son employeur s'apprête à ouvrir la porte, Blanca l'arrête : pas si vite, elle le regarde, s'approche et tend une main vers lui. Son col est mal ajusté. Voilà, c'est mieux ainsi.

Alex Murdaugh monte alors dans sa voiture. Son Chevrolet Suburban emprunte un chemin tracé entre deux rangées d'arbres, passe un muret de briques rouges et quitte son domaine, une immense propriété reculée dans un désert gris-vert-marron, à cheval sur deux comtés. Le 4147 Moselle Road, dite Moselle. Il est midi passé. Des carcasses jonchent les bords de la route, des vautours planent en donnant l'impression de n'aller nulle part. Sur la route, un paysage de conifères, mobil-homes, petites églises baptistes, fast-foods et stations-service. Vingt minutes plus tard, le voilà arrivé à Hampton, un village de trois mille âmes réglé selon des petites vertus simples, avec une artère principale, quelques boutiques de vêtements, un vieux cinéma, un café, et Coconut's, un restaurant à moquette brune et chaises en plastique, où toute la communauté se retrouve autour d'une assiette de crevettes et de gruau de maïs. Le Chevrolet Suburban se gare un peu plus loin, sur le parking d'un grand bâtiment en briques rouges de style néocolonial : PMPED, pour Peters Murdaugh Parker Eltzroth & Detrick, PA, le cabinet d'avocats fondé par l'arrière-grand-père d'Alex en 1910. Alex Murdaugh est ici chez lui : il est le dernier héritier d'une lignée de procureurs émérites. Depuis un siècle, les Murdaugh incarnent la loi et l'ordre dans le comté de Hampton. Un peu plus loin, dans le petit tribunal construit en 1878, sont suspendus les portraits de ses aïeux : Randolph I, Randolph II et Randolph III. Son grand frère travaille, lui aussi, dans l'entreprise familiale : c'est Randolph IV, mais tout le monde l'appelle Randy.

De la paperasse attend Alex Murdaugh au bureau. Son travail d'avocat consiste pour l'essentiel à défendre les braves gens victimes d'accidents de la route, d'accidents du travail, d'accidents sanitaires. Dans les moments les plus désespérés de votre existence, il répondra présent : voilà ce qu'il dit à ses clients. Cela lui rapporte pas mal : cent vingt-cinq mille dollars par an sans compter les bonus. C'est peut-être aussi pour cela que personne ne trouve rien à redire au fait qu'Alex Murdaugh puisse arriver si tard au bureau. C'est même devenu un *running gag* : il débarque parfois à dix-sept heures, au moment où les autres s'apprêtent à partir. Sans gêne – la discrétion ne fait pas partie de son attirail. Annette, son assistante juridique, le surnomme « le diable de Tasmanie », à cause de sa manière d'entrer dans le bureau telle une tornade bruyante, vissé à son téléphone.

En cette fin de matinée, c'est Jeanne, la directrice financière, qui le cherche. Quand elle le voit à l'étage, devant son bureau, elle l'interpelle. Se produit alors un événement remarquable, le premier d'une journée qui en comptera bien d'autres : Alex Murdaugh lui renvoie un regard sombre, ce qui ne lui ressemble pas du tout, et lui demande : « Qu'est-ce que tu veux encore ? » Dans l'absolu, rien d'urgent, mais il faudrait s'asseoir un moment pour parler d'argent. Il la rassure : tout est en ordre. Ou le sera bientôt, peu importe, qu'elle ne s'inquiète pas trop. Le téléphone sonne. Désolé, il doit prendre cet appel. Ce sont des nouvelles de son père. Mauvaises. Il est malade, hospitalisé, la fin est proche. Alex Murdaugh n'a pas vraiment la tête à parler d'autre chose. Fin de la discussion.

Il est environ 18 h 30 quand il quitte le bureau. Retour à Moselle. Paul, vingt-deux ans, son fils bien-aimé, un jeune homme un peu fougueux et amateur de grand air, arrive ensuite. Maggie, cinquante-deux ans, sera là un peu plus tard. Alex lui envoie un SMS : « Paul m'a dit que tu te faisais faire une pédicure ! Appelle-moi quand t'as terminé. » En l'attendant, père et fils parcourent le domaine. C'est un paradis vert-gris avec mille sept cents hectares de champs qui s'étendent à perte de vue et des arbres qui s'élèvent vers le ciel ; il y a même un petit lac et une courte piste d'atterrissage pour avion. Pour en faire le tour, ils disposent d'une flotte de voiturettes de golf, de pick-up et de véhicules de jardinage.

À trois cents mètres de la maison se trouve un chenil où logent leurs heureux labradors Bubba, Bourbon et Grady. Une autre salle abrite une vingtaine d'armes à feu. Fusils à pompe, fusils semi-automatiques, fusils de calibre .12 : n'importe quel fusil, les Murdaugh l'ont à la maison. À bien d'autres endroits, ce serait bizarre, mais qui n'en a pas dans cette contrée sauvage ? Ce soir, ils doivent s'occuper des tournesols et préparer le terrain pour la chasse prévue le week-end prochain. Alex essaie de redresser un arbuste qui ne cesse de plier, Paul le filme en riant. Dans la lueur du soleil couchant, Alex et son fils passent un bon moment.

La Mercedes de Maggie se gare vers vingt heures sur la propriété. Mari et femme se sont rencontrés à l'université. Ensemble, ils ont traversé les épreuves de la vie. Aujourd'hui, Maggie préparait à Edisto, leur maison du bord de mer, la fête nationale du 4 Juillet. Alex lui a demandé si elle pouvait rentrer. Comme elle n'aime pas le savoir seul durant cette période difficile, elle a décidé de le retrouver pour passer une soirée en famille. Ces moments sont précieux. La veille encore, ils étaient à un match de base-ball à Columbia, à deux heures de route. La semaine précédente, ils fêtaient l'anniversaire d'Alex. Paul portait un grand gâteau recouvert de glaçage blanc. Sous les « Joyeux anniversaire ! », Alex soufflait les bougies et levait son gobelet rouge en répondant : « Merci à tous ! »

Avant de partir, Blanca a préparé le dîner : *cube steaks* avec de la sauce gravy, haricots verts et riz blanc. Paul aime sa cuisine. Maggie dresse l'assiette d'Alex. Comme d'habitude, tous les trois mangent devant la télé. Chacun a sa place attitrée : Alex dans le canapé, Maggie devant son plateau et Paul dans son fauteuil inclinable. Le fils finit avant tout le monde et vaque à ses occupations. Ce soir, il doit s'occuper de Cash, le labrador de son ami Rogan.

Vers 20 h 45, Paul et sa mère se rendent au chenil. Alex, lui, doit encore aller rendre visite à sa mère, en phase terminale d'Alzheimer, à Almeda, à vingt minutes en voiture. Comme la maison est située à trois cents mètres du chenil, il envoie un texto à Maggie, puis se met en route. Sur le chemin, Alex appelle son fils aîné, Buster. Puis, il prend des nouvelles de Chris Wilson, son meilleur ami. Un coup de fil à son petit frère : John Marvin regarde un film en famille, il le rappellera demain. Quinze minutes après son départ, Alex Murdaugh arrive chez ses parents. Il reste un moment avec sa mère, devant un jeu télé, puis repart pour Moselle à 21 h 43. Il téléphone à Maggie, qui ne répond pas. À 21 h 47, il lui envoie un message : « Appelle-moi, chérie. » Elle ne l'ouvre pas.

Il est vingt-deux heures quand il est de retour chez lui. Personne dans la maison. Maggie ne répond toujours pas. À 22 h 05, Alex reprend la voiture et se dirige vers le chenil.

À 22 h 06, il compose le 911 – le numéro des appels d'urgence aux États-Unis – et, d'une voix soudain foudroyée par l'horreur, crie : « C'est Alex Murdaugh au 4147 Moselle Road, faites vite, ma femme et mon fils sont gravement blessés ! »

Dans le chaos, l'opératrice essaie de suivre : « Ils se sont tiré dessus eux-mêmes ?

— Non !

— Est-ce qu'ils respirent ?

— Non, madame !

— Vous dites que ce sont votre femme et votre fils ?

— Ma femme et mon fils », répète-t-il, seul face au massacre.

***

Le sergent Daniel Greene est le premier policier sur les lieux. Le muret de briques, le chemin qui mène à la maison déserte, le chant des grillons… En de telles circonstances, tout semble désormais diabolique. Le jeune policier allume sa lampe torche, s'enfonce sur un sentier tracé au niveau du chenil. Il passe les labradors qui couinent et aboient dans leurs cages, seuls témoins de la scène. À gauche, devant la porte d'une petite réserve, un jeune homme gît dans une mare de sang. Un peu plus loin, à droite, le corps d'une femme, face contre terre. Au cœur des ténèbres, le faisceau lumineux éclaire un homme en T-shirt blanc et short kaki, figé dans une grimace halluci-née : Alex Murdaugh. Dix-huit minutes se sont écoulées depuis son appel.

Un fusil de chasse est appuyé contre le Chevrolet Suburban, dont les warnings clignotent. Alex dit qu'il est allé chercher une arme pour se protéger, au cas où. Sa voix est hystérique. Il marche, croise les bras, se penche en avant, met les mains sur les cuisses, ne tient pas en place. Qui le pourrait ? Il a pris le pouls des victimes, dit-il. Cela s'annonce mal.

« C'est une longue histoire, ajoute-t-il ensuite, sans qu'on lui pose la moindre question. Mon fils a été impliqué dans un accident de bateau, il y a quelques mois ; il a reçu des menaces. »

Quelques secondes passent, puis il demande si c'est officiel, si sa femme et son fils sont morts. « Ils en ont l'air », répond le sergent d'un ton impersonnel, presque surpris d'avoir à préciser ce qui semble relever de l'évidence. Alex Murdaugh grimace, commence à s'effondrer, se redresse. Il souffle, renifle, se racle la gorge plusieurs fois, s'essuie le visage avec son T-shirt. « Désolé, dit-il, comme s'il essayait de se ressaisir. Vraiment désolé. » Un second policier passe dans son champ de vision et, comme un réflexe aimable, Alex Murdaugh pose la question la plus normale qui soit : « Comment ça va ? »

***

Par où commencer ? Les policiers recouvrent les corps, sécurisent le périmètre. L'adjoint McDowell trouve une douille par terre, arrache un bout de rubalise jaune, le place au sol et pose dessus un caillou pour ne pas qu'il s'envole. Ils font ensuite appel à leurs collègues de la South Carolina Law Enforcement Division, dite SLED, l'équivalent de la brigade criminelle de l'État. Lesquels établissent les faits suivants : le corps de Maggie, cinquante-deux ans, a été déchiré par les balles. Quatre ou cinq, tirées dans les jambes, la poitrine et la tête, avec un fusil d'assaut. Du visage du fils, il ne reste rien. Paul, vingt-deux ans, s'est fait tirer dessus avec un fusil de chasse de calibre .12. Une première fois au niveau de la poitrine et une seconde fois, plus monstrueuse encore, dans la tête. Son crâne a explosé, sa cervelle a volé dans les airs avant de retomber à ses pieds, indiqueront un médecin légiste et un spécialiste des scènes de crime. Les deux armes sont introuvables.

À une heure du matin, Alex Murdaugh est interrogé dans la voiture de l'agent David Owen. Les policiers sont désolés, mais ils doivent lui poser quelques questions, c'est la procédure.

« Je comprends, répond-il, conciliant, je comprends totalement. »

Entre les gémissements d'effroi, il dit qu'il a tenté de retourner le corps de Paul.

« Avez-vous touché Maggie ?

— Je l'ai touchée. Je les ai touchés, tous les deux. J'ai essayé de prendre leur pouls, à chacun. Puis j'ai aussitôt appelé les secours. »

Sa relation avec Maggie ? Merveilleuse. Et avec Paul ? Merveilleuse aussi. Alors, qui aurait bien pu leur en vouloir ? Alex Murdaugh a sa petite idée, celle qu'il a immédiatement servie aux policiers et qu'il répète à présent : il y a deux ans, son fils a été impliqué dans un accident de bateau qui a causé la mort d'une jeune femme. L'affaire a fait du bruit dans la région. Circonspect, l'agent David Owen dit qu'ils risquent d'avoir encore beaucoup de questions à lui poser. Sur le siège passager, le père de la famille anéantie se tape les cuisses comme s'il sortait d'un rendez-vous avec un client : « Je suis disponible, tenez-moi au courant. »

Et ce sera tout pour aujourd'hui.

2.

OÙ MÈNENT LES FAITS ?

Bientôt, les corps font remonter d'autres corps.

***

Le premier date de 2015. Le 8 juillet, un peu avant quatre heures du matin, un chauffeur de dépanneuse se rend au travail. Il roule dans la nuit du comté de Hampton, dans une zone et à une heure où il serait surréaliste de croiser âme qui vive, quand un obstacle se présente à lui. Sans doute la carcasse d'un animal qui passait par là au mauvais moment, songe-t-il d'abord. Mais non, ce n'est pas cela. Ses phares lui dévoilent plus effroyable. Il appelle la police, dit qu'il a vu « un homme blanc allongé sur la route » et poursuit son chemin.

Quelques minutes plus tard, les policiers débarquent sur place. Un cadavre est étendu sur la chaussée. Il s'agit d'un jeune homme frêle au teint pâle, vêtu d'un T-shirt Nike, d'un short cargo beige et d'une paire de tennis noires. Du sang coule au-dessus de son œil droit, teinte ses cheveux blonds et s'étale sur le bitume en une flaque sombre. Son visage tendre est défiguré. Les officiers sécurisent le périmètre, dessinent un carré rouge autour de la victime et l'identifient : Stephen Smith, dix-neuf ans, étudiant.

Le cadavre est emmené pour une autopsie. La pathologiste judiciaire l'examine. Le crâne est fracturé du côté droit, une longue déchirure part du front, l'épaule droite est disloquée, des entailles parcourent ses bras. Cause du décès : traumatisme crânien, accident de la route et délit de fuite après avoir causé la mort d'un piéton, indique le rapport. La victime était en plein milieu de la route ; c'est donc un *hit and run*, forcément. Pour autant, les limiers de la South Carolina Highway Patrol sont sceptiques. Ils savent reconnaître un accident de la circulation, et ce qu'ils ont sous les yeux ne colle pas. Si Stephen Smith avait été percuté par un véhicule lancé à quatre-vingt-dix kilomètres-heure, plusieurs choses se seraient produites : son corps aurait virevolté dans les airs et rebondi plusieurs fois sur la route avant de se figer tel un pantin désarticulé. La série de chocs l'aurait déchaussé, son téléphone aurait volé hors de sa poche et l'écran se serait brisé. Le frottement du béton aurait déchiré les vêtements et mordu la chair. En plus de fractures du crâne, il présenterait des blessures au torse et au niveau des jambes. Le véhicule aurait laissé l'empreinte de son passage. D'un tel traumatisme, on retrouverait des éclats de verre, de peinture, des marques de pneus… Or, la route est propre – pas la moindre trace de collision alentour. Les enquêteurs se demandent si le corps aurait pu être déposé au milieu de la chaussée.

D'autres détails les interpellent : la voiture de la victime, une petite Chevrolet jaune, a été retrouvée garée au bord d'une route, à cinq kilomètres de la scène. La batterie fonctionnait mais, quand la police a mis le contact, le véhicule n'a pas démarré. Le bouchon d'essence, dévissé, pendait sur le côté. Le portefeuille de la victime était encore à l'intérieur de l'auto, coincé entre le siège passager et la portière. De quoi faire naître toute une série de questions : si Stephen Smith était parti chercher de l'essence, pourquoi aurait-il laissé son portefeuille dans la voiture ? Le réservoir était-il vide ou a-t-il été vidé ? Et, en admettant que le jeune homme se soit mis en route, pourquoi serait-il parti dans la direction opposée à la station-service la plus proche ?

Un autre scénario se dessine alors : il ne s'agit pas d'un accident, mais d'un meurtre.

Lors de l'enterrement du jeune homme, sa famille décide de laisser le cercueil ouvert afin que tout le monde puisse voir son visage d'ange massacré. Sa mère, Sandy, en est persuadée : son fils a été victime d'un crime de haine. L'année suivante, elle écrit au FBI. Stephen Smith était gay, ouvertement, dans une région conservatrice où, depuis toujours, il n'a jamais fait bon être trop différent. Par ailleurs, elle connaissait bien son fils, et il ne se serait pas aventuré seul sur une route de campagne, pas en pleine nuit, sans avoir prévenu personne. Sa sœur jumelle, Stephanie, assure de son côté qu'elle le trouvait secret depuis deux semaines. À ses proches, Stephen avait confié fréquenter une personne influente dans le comté de Hampton mais était resté évasif sur son identité. Son amant cachait son orientation sexuelle. La nouvelle, disait parfois Stephen, suffirait à ébranler le comté.

L'enquête mène les policiers sur la piste de la famille Murdaugh. Le jour de l'accident, un avocat a appelé le père de Stephen Smith. C'était Randy, le grand frère d'Alex

Murdaugh ; il offrait ses services, *pro bono*. Curieux. Quelques mois plus tard, un homme contactait les enquêteurs pour leur confier un tuyau qu'il tenait de Randy Murdaugh : Stephen Smith aurait été percuté par un adolescent du comté.

Un autre nom revient sans cesse : Buster Murdaugh, le fils aîné d'Alex. Buster et Stephen se connaissaient depuis l'enfance. Ils avaient été dans la même classe, avaient joué dans la même équipe de base-ball, coachée par les Murdaugh.

Des rumeurs commencent alors à circuler. On dit que les deux garçons auraient entretenu une relation secrète, on dit que les choses auraient pu mal tourner, on dit que Stephen aurait été tué à coups de batte de base-ball, on dit que les fils Murdaugh, Paul et Buster, seraient impliqués. Ces bruits nourrissent d'autres bruits, et on dit bientôt d'autres choses : personne ne parlerait par crainte de représailles, des gens auraient été payés pour quitter la ville le temps que l'affaire se tasse, d'autres débrancheraient leurs téléphones pour ne pas répondre aux enquêteurs. Au total, le nom des Murdaugh apparaît une quarantaine de fois dans le dossier.

Le 22 juin 2021, quinze jours après les meurtres de Maggie et de Paul, les enquêteurs décident de rouvrir l'enquête sur la mort de Stephen Smith.

***

Le deuxième corps remonte à 2018. C'était Miss Gloria. Le 2 février de cette année-là, vers 9 h 30, Maggie Murdaugh appelle les secours depuis sa propriété de Moselle. La femme de ménage, Gloria Satterfield, cinquante-sept ans, vient de faire une chute dans l'escalier en briques extérieur de la maison. Elle est encore consciente mais ne répond plus, il faut faire vite. Paul prend le téléphone, l'opératrice l'interroge :

« Vous pouvez lui demander quel genre de douleur elle ressent ?

— M'dame, elle ne peut pas parler, elle s'est brisé le crâne, il y a du sang sur le béton, elle saigne de l'oreille gauche. »

La femme au téléphone demande si la victime a des antécédents cardiaques et Paul s'agace : « M'dame, vous pouvez arrêter de poser toutes ces questions ? »

Seize minutes plus tard, une ambulance emmène Gloria Satterfield. Les circonstances de la chute sont troubles. Maggie dit avoir entendu un bruit, découvert la femme de ménage et appelé immédiatement. Paul raconte qu'elle serait de nouveau tombée quand il a essayé de la redresser. De retour à la maison peu après l'accident, Alex s'en tient à ce que la victime lui aurait expliqué : les chiens lui auraient fait perdre l'équilibre dans l'escalier. Mais, à l'hôpital, Miss Gloria n'est plus en mesure d'expliquer comment elle est tombée. Elle a plusieurs côtes fêlées et un hématome sous-dural lié au choc au crâne. Le 26 février, trois semaines après sa chute, elle meurt des suites de ses blessures.

Gloria Satterfield travaillait pour les Murdaugh depuis vingt-quatre ans. Elle avait vu Paul et Buster grandir. Elle faisait partie de la famille. Après l'enterrement, Alex Murdaugh rend visite à ses enfants, Brian et Michael, dit Tony. Il promet de prendre soin d'eux et leur fait une offre qu'ils ne peuvent pas refuser : puisque l'accident a eu lieu sur sa propriété, ils n'ont qu'à le poursuivre et à attendre que les assurances les couvrent d'or. Ce qui n'arrivera jamais. En revanche, des années plus tard, les enfants Satterfield apprendront qu'Alex Murdaugh a empoché les quatre millions de dollars qui devaient leur revenir. Tout cela serait passé inaperçu s'il n'y avait pas eu l'accident de bateau. Celui qui a fait émerger le troisième corps.

***

Cette tragédie-là a eu lieu en 2019. Dans la nuit du 23 au 24 février, un bateau à moteur avance dans une crique de la région. À son bord, six jeunes amis qui se connaissent depuis toujours. Paul Murdaugh, le jeune fils d'Alex, fait partie du groupe. À 2 h 20 du matin, l'embarcation percute un pylône dressé non loin d'un pont. La coque se fend, trois passagers sont projetés dans l'eau glaciale et l'un d'entre eux ne remonte pas à la surface. La mâchoire amochée dans l'accident, Connor Cook appelle le 911. « S'il vous plaît, envoyez quelqu'un », dit-il. Derrière, des cris d'horreur appellent la sixième passagère, qui ne réapparaît pas : Mallory Beach, dix-neuf ans.

Les secours arrivent sur le pont. Le bateau appartient à la famille Murdaugh. Paul demande un téléphone aux policiers, il voudrait juste prévenir son grand-père. Il sourit. Son ami Anthony Cook, qui est le cousin de Connor, bondit et lui hurle dessus : « Tu souris, putain ! Tu crois que c'est marrant ? Ma petite amie a disparu, putain ! J'espère que tu vas rôtir en enfer ! »

Les jeunes affirment que Paul conduisait le bateau. Les policiers regardent Paul et voient les problèmes arriver : « Vous connaissez Alex Murdaugh ? C'est son fils. Bonne chance ! »

Les jeunes sont emmenés à l'hôpital. Ils ont passé la soirée à boire. Paul est ivre, bien plus que les autres. Les policiers cherchent à savoir : qui tenait le gouvernail ? Paul ou Connor ? Ils s'apprêtent à interroger le fils Murdaugh quand son père et son grand-père débarquent à l'hôpital. Randolph Murdaugh III représente son petit-fils à partir de maintenant. Dans les couloirs, Alex Murdaugh parle aux policiers. Un badge de procureur pend de son pantalon. Il essaie de voir les jeunes gens, frappe à la porte de leurs chambres. Surtout, il conseille à Connor de ne rien dire, il s'occupe de tout.

Une semaine après l'accident, le corps de Mallory Beach est retrouvé dans un marais à quelques kilomètres du pont. Les jeunes ont tous désigné Paul comme le conducteur du bateau. Dans sa déposition, Connor Cook évoque des rumeurs concernant les Murdaugh : l'une d'elles dit que Paul a poussé sa femme de ménage dans l'escalier, qu'elle est morte et qu'il n'y a jamais eu de suites. Une autre dit que Paul est impliqué dans une histoire avec un gars retrouvé au milieu de la route et qu'il s'en est tiré.

En avril 2019, Paul est mis en examen pour « homicide involontaire et conduite d'un bateau en état d'ivresse ». Dans une salle d'audience pleine, il plaide non coupable. Les Murdaugh font appel à l'un des avocats les plus puissants de Caroline du Sud, une rock star dans sa paroisse et un sénateur démocrate connu pour jouer au golf avec Joe Biden : Dick Harpootlian. Paul est libéré grâce à une caution de cinquante mille dollars. Les journalistes locaux Mandy Matney, John Mark, Michael DeWitt et Will Folks tirent le fil de cette histoire emblématique de l'injustice systémique qui gangrène ce coin des États-Unis et se demandent : les Murdaugh vont-ils s'en sortir ? La question reste sans réponse. Le procès de Paul n'aura jamais lieu.

***

Dès le 8 juin 2021, le lendemain des meurtres de Maggie et de Paul, les policiers l'annoncent dans un communiqué de presse : les braves citoyens du comté de Hampton ne courent aucun danger. Une façon polie de faire passer le message que cette affaire concerne les Murdaugh, et eux seuls. Journalistes, avocats et habitants tentent alors de relier les points. La famille avait des ennemis, certes, mais qui aurait été assez motivé pour appuyer sur la détente ? Le tueur est-il un professionnel engagé par quelqu'un qui leur voulait du mal ? S'agit-il de l'œuvre d'un détraqué qui se serait monté la tête tout seul en suivant l'affaire de l'accident de bateau dans la presse ou sur les réseaux sociaux ? Ou la mort a-t-elle frappé en représailles du décès du jeune homme retrouvé sur la route ? De celui de la femme de ménage ?

Pendant que la région s'interroge, les policiers progressent, et le 11 août 2021, deux mois seulement après les meurtres, Alex Murdaugh fait de nouveau face à l'agent David Owen.

Assis dans un bureau au sol gris, avec table marron et sièges noirs, l'avocat porte un polo bleu ciel, un pantalon gris, les lunettes remontées sur le crâne, les jambes croisées, les bras aussi. Comme il l'avait promis, l'agent Owen a des questions. « Bien sûr », répond Alex Murdaugh. Il déroule à nouveau son récit de la journée du 7 juin 2021. Il s'est rendu au travail. De retour à la maison en fin de journée, il a passé du temps avec Paul, ils ont parlé de tout et de rien. Puis ils ont retrouvé Maggie pour le dîner. Et après ? « Je suis resté sur le canapé, je me suis endormi. » À son réveil, il est allé rendre visite à sa mère, avant de rentrer à Moselle, comme il l'a déjà dit. En même temps qu'il raconte la soirée, les larmes montent. L'agent Owen va lui chercher une boîte de mouchoirs, et l'avocat d'Alex lui tape sur l'épaule.

« Tu peux le faire ?

— Je peux le faire. »

Les policiers voudraient à présent lui montrer une vidéo postée sur Snapchat quelques heures avant les meurtres. Pendant qu'ils parcouraient la propriété, Paul a filmé son père. Sur les images, on voit Alex essayer de faire tenir un arbre qui plie sans cesse, et Paul rit hors champ. Ce qu'ils font n'est pas clair, mais ce n'est pas ce qui intéresse les enquêteurs. Durant ces quelques secondes, ont-ils noté, Alex porte un polo bleu ciel et un pantalon kaki. Or, quand les policiers sont arrivés sur la scène de crime, il était vêtu d'un T-shirt blanc et d'un short kaki. À quel moment s'est-il changé ? « Je ne sais plus trop, répond-il. Sans doute quand je suis rentré à la maison. »

Que dit la *timeline* ? Vers 20 h 40, alors qu'il était dans le chenil, Paul a appelé son ami Rogan, qui a cru distinguer la voix d'Alex, au loin. La question est la suivante : s'est-il rendu au chenil après le dîner et avant d'aller rendre visite à sa mère ? « Non, monsieur, pas si mes horaires sont corrects. »

Près de deux heures plus tard, alors que l'interrogatoire touche à sa fin, David Owen formule ses dernières questions, pas les plus faciles à entendre ni à poser :

« Avez-vous tué Maggie ?

— Est-ce que j'ai tué ma femme ?

— Oui.

— Non, je n'ai pas tué ma femme, David.

— Savez-vous qui l'a fait ?

— Non, je ne sais pas.

— Avez-vous tué Paul ?

— Non, je n'ai pas tué Paul.

— Savez-vous qui l'a fait ?

— Non, je ne sais pas qui l'a fait. »

Un court silence, puis Alex Murdaugh retourne les questions :

« Vous pensez que j'ai tué Maggie ? »

L'agent Owen lève les mains en l'air.

« Je dois aller là où me mènent les faits.

— Vous pensez que j'ai tué Paul ?

— Je dois aller là où me mènent les faits. Et je n'ai rien qui pointe une autre personne.

— Ça veut dire que je suis un suspect ?

— Je dois aller là où me mènent les faits », répète l'agent Owen pour la troisième fois.

Murdaugh hoche la tête.

Où mènent les faits ? Trois mois après les meurtres et trois semaines à peine après cet interrogatoire, le 4 septembre 2021, à 13 h 30, Alex Murdaugh compose à nouveau le 911. Ce qu'il a à dire est surprenant : le meurtrier est de retour. Et, cette fois-ci, c'est après lui qu'il en a.

3.

SUR LE BORD DE LA ROUTE

C'est d'une voix calme, celle d'un homme désormais coutumier de l'enfer, qu'Alex Murdaugh raconte à l'opératrice comment il vient de réchapper à la mort.

En ce jour de fête du Travail, alors qu'il se trouvait sur une route étroite tracée au milieu des bois et des parcelles d'arbres fauchés, la Old Salkehatchie Road, non loin d'une petite église baptiste, un de ses pneus a crevé. Il était en train d'inspecter les dégâts quand, soudain, une voiture s'est arrêtée et un type a essayé de lui tirer dessus.

« Oh, OK, répond l'opératrice. Vous avez été touché ?

— Oui, mais je vais bien.

— On vous a tiré dessus ou on a essayé de vous tirer dessus ?

— On m'a tiré dessus. »

Il saigne beaucoup, ajoute-t-il.

« Où exactement ? demande l'opératrice.

— Je ne suis pas sûr. Quelque part au niveau de ma tête. »

C'est reparti. Des voitures de police démarrent. Un hélicoptère décolle. Une ambulance est dépêchée. Alité à l'arrière d'un véhicule, torse nu, avec un tensiomètre autour du bras et une minerve médicale qui maintient son cou, Alex Murdaugh répète aux enquêteurs cette histoire peu banale. Une voiture est passée, elle a fait demi-tour, et un homme, « très sympa », précise Alex, s'est arrêté pour l'aider. Alex s'est retourné vers sa voiture et c'est alors que le bon samaritain s'est transformé en boucher. Une détonation sourde, comme un coup de tonnerre. « Extrêmement bruyant. » Un fusil, c'est certain. Les policiers du comté de Hampton ne constatent pas de blessure visible. Alex Murdaugh présente seulement une plaie superficielle, comme si la balle avait éraflé son crâne avant de filer dans les pins. Il a eu beaucoup de chance. Un hélicoptère s'envole pour l'emmener aux urgences.

À l'hôpital, Alex fait le même récit : d'abord, sa voiture a percuté un débris sur la chaussée, il a crevé et s'est arrêté ; un pick-up sombre qui passait par là a fait demi-tour, et son chauffeur est sorti pour lui demander s'il avait besoin d'un coup de main, sympa ; ensuite, *poum !* Après quoi Alex Murdaugh a perdu la vue. Mais pas la mémoire : si on lui présentait l'homme qui a voulu sa peau, il saurait le reconnaître, sûr et certain. Son assaillant avait la trentaine, ou la quarantaine, des cheveux courts, le visage rasé de près. Les policiers font un portrait-robot et se mettent en chasse.

Ils fouillent les hautes herbes du bord de la route. Aucune trace du débris qui aurait pu faire éclater le pneu. En revanche, de l'autre côté de la chaussée, ils trouvent un petit canif à manche gris. Ils récupèrent aussi les images des caméras de vidéosurveillance de la petite église baptiste située à proximité. Un atout de poids : en scrutant les images de la journée, ils finiront bien par isoler la voiture d'Alex Murdaugh et celle de son mystérieux agresseur. Voyons un peu. Vers 13 h 25, un pick-up sombre traverse le cadre, suivi, à vingt secondes d'intervalle, de la voiture d'Alex Murdaugh. Encore cinq minutes plus tard, le pick-up roule en sens inverse, il a fait demi-tour. L'une de ses ailes est dorée, facile à reconnaître. Bizarre.

Encore plus bizarre : le 6 septembre au soir, deux jours après l'incident, l'agent David Owen reçoit un appel de Randy Murdaugh : il veut simplement signaler que son petit frère, Alex, se conduit d'une manière pour le moins étrange. C'est-à-dire ? Il essaie de convaincre les infirmières et le personnel médical de lui prêter un téléphone. En échange, il propose même de l'argent. Il a réussi à passer plusieurs coups de fil. L'un des numéros mène à un cousin lointain de la famille : Curtis Edward Smith.

Le 7 septembre au matin, les policiers se rendent chez le dénommé Curtis Eddie Smith, qui vit dans une modeste maison avec porche. Un pick-up à aile dorée est garé devant, exactement comme celui de la vidéo de surveillance. Ils frappent à la porte. Un homme apparaît : soixante et un ans, une tignasse blanche qui tend vers le blond, une barbe grisâtre, le regard mi-mobile, mi-colérique, et une lippe boudeuse qui ne lui donne pas immédiatement l'air sympathique. « Fast Eddie », pour les intimes. Lors de la perquisition qui suit, les policiers trouvent des stupéfiants. Ils mettent aussi la main sur un manuel de médecine, des reçus et un carnet à spirale rempli de notes comme un registre de ventes. Curtis Eddie Smith sent qu'il va avoir besoin de parler à son avocat. Lequel n'est autre qu'Alex Murdaugh.

***

À ce coup de théâtre s'ajoute rapidement un autre rebondissement. Par la voix de ses avocats, Alex Murdaugh annonce entrer en cure de désintoxication. Car voici la triste vérité, celle qu'il a cachée pendant trop longtemps : depuis une vingtaine d'années, le notable de Moselle souffre d'une addiction à l'oxycodone, un puissant antalgique qui appartient à la famille des opioïdes, il n'en peut plus et regrette bien des choses dans sa vie. Il se dit désormais disposé à faire toute la lumière sur cette maudite affaire du bord de la route. Depuis sa clinique d'Atlanta, il répond aux enquêteurs le téléphone réglé en haut-parleur, entouré de deux avocats. Il est désolé de leur avoir donné du fil à retordre, il n'était plus lui-même. Et, d'ailleurs, il va tout leur expliquer.

L'histoire débute le 3 septembre, la veille de sa supposée agression au bord de la route. Ce jour-là, Alex Murdaugh a été forcé de démissionner de son cabinet d'avocats : ses associés l'accusent d'avoir détourné beaucoup d'argent, plusieurs millions de dollars. Pour quelqu'un ayant perdu sa femme et son fils quelques mois plus tôt, la nouvelle est trop difficile à supporter. « Je me suis dit que ce serait mieux si je n'étais plus là », confie Murdaugh aux enquêteurs. Il a pensé à ce plan presque parfait, poursuit-il : faire passer son suicide pour un meurtre, afin que son fils aîné, et le seul qui lui reste, Buster, puisse toucher les dix millions de dollars de l'assurance-vie. Mais sur qui compter en de telles circonstances ? C'est ainsi que, le 4 septembre au matin, il a appelé son cousin Eddie pour lui demander un petit service.

Curtis Edward Smith et Alex Murdaugh sont deux hommes aux trajectoires opposées. Fils d'un marine, Eddie est né dans les marais de Beaufort, à soixante-dix kilomètres au sud-est de Hampton, avant d'être bringuebalé entre la Caroline du Nord et le Mississippi. Après le lycée, il a enchaîné les boulots d'ouvrier, qui lui ont laissé un dos en souffrance. Comme tant d'autres Américains au début des années 2000, il s'est alors tourné vers l'oxycodone pour faire taire la douleur. Cela a tellement bien fonctionné qu'il s'est mis à en écouler pour d'autres, à en dealer. Parmi ses clients est vite apparu son cousin éloigné, Alex Murdaugh. L'avocat le payait parfois en cash, parfois en chèque. Parfois pour quarante, cinquante ou soixante mille dollars de cachets, avoue Murdaugh à la police. Puis est arrivé le matin du 4 septembre, date à partir de laquelle les versions des deux hommes divergent.

Depuis sa clinique, Alex Murdaugh raconte : dans un premier temps, il a donné rendez-vous à Eddie à Almeda, non loin de la maison de sa mère. Les deux hommes se sont ensuite arrêtés à une station-service. L'avocat déchu a expliqué qu'il était au plus mal et a demandé à son dealer de lui tirer dessus. « D'abord, il a été un peu surpris, puis il a dit "OK". » Sur la route, ils se sont suivis, puis se sont garés au même endroit que précédemment. Curtis Eddie Smith a tendu son couteau. Alex Murdaugh l'a planté dans le pneu arrière de sa voiture et, à son tour, il a donné un revolver de calibre .38 à son complice. Puis il s'est retourné, en attendant le coup de feu, la mort... et voilà. L'agent Ryan Kelly prend note, mais a encore quelques questions :

« Vous dites que vous l'avez payé pour des cachets, mais vous ne l'avez pas payé pour qu'il vous tire dessus ?

— Correct.

— Je vais être honnête : ça n'a aucun sens.

— Je comprends. »

Le policier tente tout de même de résumer ce qu'il vient d'entendre :

« Vous avez donc passé un accord pour qu'il vous tire dessus afin que votre suicide passe pour un homicide avec vol qualifié, et tout cela dans le but que votre fils touche l'argent de l'assurance-vie.

— Je ne sais pas pour le vol, mais tout le reste est juste. »

La version de son cousin Eddie, elle, ne s'embarrasse pas du secret des salles d'interrogatoire. Le dealer, le *hitman* présumé, le *redneck* plus vrai que nature : son personnage est trop beau pour que les chaînes ABC, NBC et CBS le laissent filer. C'est donc devant leurs caméras, flanqué d'un nouvel avocat en costume, qu'il livre sa vérité sur celui qu'il aimait jusqu'alors « comme un frère ». Le 4 septembre au matin, démarre-t-il, Alex Murdaugh lui a donné rendez-vous en restant évasif sur la mission. Les deux hommes se sont retrouvés. « Tu vas me tirer dessus », a dit l'avocat. « Non », a répondu l'autre. Alex Murdaugh, qui tenait un revolver, s'est mis à l'agiter comme s'il allait retourner l'arme contre lui-même. Eddie a saisi sa main. Ils se sont battus pour attraper le .38, et c'est lors de ce combat qu'un coup serait parti et qu'Alex est tombé à terre. Après quoi Eddie a ramassé le revolver, s'est assuré que tout allait bien et est reparti. « Donc il ne s'est pas fait tirer dans la tête ? » demande un présentateur. « Non. Si je lui avais tiré dessus, il serait mort. »

L'Amérique adore. Elle en redemande. Les semaines suivantes, les journalistes du *New York Times*, du *New York Post* et du *New Yorker* viennent interviewer Curtis Eddie Smith, entre ses chats Biggie et Jay-Z et son pitbull Dixie. Aux photographes, le dealer de cachets offre son meilleur profil, fier de poser sur son perron. « C'est la situation la plus folle dans laquelle je me sois jamais retrouvé », résume-t-il aux Yankees de passage.

Hélas, la fête ne dure qu'un temps. Le 16 septembre 2021, lors d'une audition au commissariat du comté de Hampton, c'est dans la tenue gris-beige des prisonniers, les mains menottées et leurs visages cachés par des masques en tissu, que les deux hommes apparaissent cette fois. Alex Murdaugh est accusé d'avoir orchestré son propre suicide. « Il est tombé en disgrâce, dit son avocat, Dick Harpootlian. Si vous vous demandez à quoi ressemble une addiction aux opioïdes, vous l'avez sous les yeux. » Curtis Eddie Smith est mis en examen pour suicide assisté, fraude à l'assurance, distribution de méthamphétamine et possession de marijuana. Les enquêteurs ont suivi l'argent et retracé sans mal les liens qui unissent les deux cousins. Entre 2013 et 2021, Curtis Eddie Smith aurait encaissé quatre cent trente-sept chèques signés par Alex

Murdaugh. D'année en année, les montants ont augmenté, de manière exponentielle, pour un total de 2,4 millions d'euros sur huit ans. Du 7 mai au 7 juin 2021, c'est-à-dire durant le mois ayant précédé les meurtres de Maggie et de Paul, Alex Murdaugh aurait envoyé cent trente-trois mille dollars à son cousin. Dans les jours qui ont précédé l'étrange affaire du bord de la route : vingt-cinq mille six cents dollars. Des questions engendrent d'autres questions et le mystère s'épaissit : d'où venait tout cet argent ? Et où est-il passé ?

Le 14 octobre 2021, Alex Murdaugh est arrêté à la sortie de son centre de désintoxication et mis en examen pour avoir détourné les fonds qui revenaient aux enfants de Gloria Satterfield. La police ouvre une enquête sur la mort de la femme de ménage et prévoit d'exhumer son corps. Alex Murdaugh est incarcéré dans la prison du comté de Richland. Les mois suivants, une centaine de charges tombe en cascade : une trentaine de détournements de fonds, des dizaines de crimes informatiques, du blanchiment, de l'évasion fiscale, de la falsification. Au total, l'avocat est accusé d'avoir détourné plus de neuf millions de dollars. Le 14 juillet suivant, il est mis en examen pour les meurtres de Maggie et de Paul.

En l'espace de deux ans, le notable ordinaire et respecté est devenu le super-méchant d'une saga qui fascine l'Amérique. Des journalistes de tabloïds débarquent dans le comté de Hampton. Des enquêteurs amateurs se prennent au jeu. Les réseaux sociaux s'emparent de l'affaire. Des théories fleurissent sur le fil Reddit « *Murdaugh Uncensored* ». « Et si le bord de la route était le bout de la route ? » s'interroge-t-on sur YouTube. Sur Internet, Alex Murdaugh est devenu un personnage maléfique et un mème. Une grande plume du nouveau journalisme, Mark Seal, auteur d'un ouvrage de référence sur le *making of* du *Parrain*, s'attaque aux Murdaugh. La journaliste d'investigation Mandy Matney lance le *Murdaugh Murders Podcast*, qui devient l'une des émissions les plus écoutées aux États-Unis et dont elle vend les droits à la plateforme Hulu. Netflix aussi lance son documentaire en trois parties, pour lequel la plateforme fait signer des contrats d'exclusivité aux témoins qu'elle interroge. Pour HBO, c'est carrément un *buy-in-the-room*, comme on dit dans le jargon des producteurs pour désigner les projets lancés sur la base d'un pitch. C'est la productrice Brooke Brunson qui est affectée au sujet. Elle maîtrise Hollywood comme le Lowcountry. Elle est connue pour avoir travaillé sur les trois premiers volets de la saga *Pirates des Caraïbes*. Au moment d'expliquer pourquoi elle a accepté la mission, elle n'hésite pas une seconde : « Cette histoire, dit-elle, est plus étrange que de la fiction. »

PARTIE 2

MURDAUGHPALOOZA

4.

TRUE CRIME, USA

Un clou esseulé est planté dans le mur. Au fond d'une salle d'audience, à l'étage du tribunal du comté de Colleton, un tableau a disparu, décroché. Il était pourtant là depuis des décennies : cette peinture à l'huile représentait un vieux sage assis de trois quarts, en costume noir et cravate rouge – Randolph Murdaugh, dit Buster, le grand-père d'Alex. Face au vide, entre les rangées de bancs, trois personnes ferment à présent les yeux et prient pour les semaines à venir. Elles prient pour être protégées du Mal, trouver la lumière dans ce moment de confusion et avoir l'endurance de traverser la tempête qui approche. Après quoi l'une des trois, une petite femme avec un collier de perles et des boucles d'oreilles en forme de palmiers, rouvre ses yeux noisette et sereins. C'est Rebecca « Becky » Hill, la greffière.

« Alors ça va vraiment être le chaos ? lui demande une employée.

— Ça va être le chaos, oui. »

En ce début d'année 2023 est sur le point de déferler sur la région un ouragan d'un genre étrange : le procès pour meurtres d'Alex Murdaugh. L'avocat sera jugé dans une petite ville tranquille, Walterboro, cinq mille habitants, des boutiques d'antiquités, un festival du riz et des rues qui ont servi de décor à des films pleins de bons sentiments, comme *Forrest Gump*. À quelques jours de l'impact, ces rues sont figées dans l'attente des semaines qui arrivent. Les palmiers font peine à voir dans la grisaille, et la mousse espagnole, une plante à l'apparence d'une longue barbe hirsute, pend aux branches des chênes avec un air désolé d'être là.

Sur un terrain vague, des employés municipaux déchargent un pick-up pour installer les premières barrières. Des habitants ont mis leur maison ou leur caravane en location sur Airbnb pour plus de cent dollars la nuit. Les hôtels se remplissent. Les restaurants adaptent leurs horaires au procès. « Automatiquement, ça va amener des clients », estime une commerçante. « Personne ne sait à quoi s'attendre, dit une femme aux cheveux teints en rouge qui vient d'ouvrir un magasin de poteries et de pièces de voitures. » Difficile de retracer l'enchaînement d'idées qui l'ont amenée à poser, sur le trottoir, un grand panneau avec un trou dans lequel les passants peuvent passer leur tête pour ressembler à un cow-boy chevauchant un poulet géant et un message affirmant, pour les jours où tout cela ne sera plus qu'un souvenir : « J'étais au procès Murdaugh. » Sur l'autoroute, de grands panneaux recommandent de contacter des avocats de la région en cas d'accident. Un autre donne un conseil en lettres capitales : « REPENTEZ-VOUS ! » En ville, tous appréhendent l'arrivée de ce qu'ils appellent « le cirque ».

Scott Grooms, le guide officiel, en pantalon cargo, passe le karcher sur une vieille maison historique qui doit héberger les équipes de Channel 4. Ses cheveux blancs bien dressés sur la tête, le directeur du tourisme de Walterboro, a l'air d'un type constamment de bonne humeur. Il aime cette ville. Il a grandi ici et, quand il a emménagé ailleurs, il n'a pas aimé et il est revenu. « Le jour de notre retour, les voisins nous ont aidés à décharger la voiture », dit-il. Il aime bien les journalistes, aussi. En trente-cinq ans de carrière, il a été présentateur météo, il a couvert tornades et grands tournois de golf. Cela fait six mois qu'il se prépare pour le procès.

En face du palais de justice, Scott a transformé une salle polyvalente du Wildlife Center, un bâtiment abritant les reptiles et les amphibiens de la région, en espace médias. Le café coulera dans des gobelets en polystyrène, le frigo sera rempli de Pepsi Diet et le wifi sera optimal. En décembre, Scott Grooms a posté une annonce sur Facebook pour faire appel aux foodtrucks de la région, son coup de maître. Aux habitants qui ont trouvé cela hors de propos, il a rappelé son expérience : en 1995, il avait travaillé sur le procès de Susan Smith, une mère condamnée pour avoir noyé ses deux enfants et essayé de faire accuser un homme noir, qui les aurait enlevés lors d'un carjacking. « C'était dans une petite ville, et il n'y avait aucun endroit où manger, à part un fast-food et une épicerie. » Fox News enverra un contingent de quarante personnes. « Ça monte vite », compte-t-il. Près d'un millier de reporters, producteurs, techniciens, auteurs et fans de *true crime* sont attendus. L'air est électrique, et le calme haché par le bruit du nettoyeur à haute pression.

Un an et demi après les meurtres de Maggie et de Paul, le pays entier est suspendu au dénouement d'une saga tortueuse et insaisissable dont l'intrigue pourrait se résumer ainsi : c'est l'histoire d'une Amérique en déclin, dans une Amérique en déclin. Dans la salle d'audience du tribunal, des techniciens règlent trois angles de caméras et des micros dernier cri. Le procès sera retransmis en direct en streaming, avec un léger différé sur la chaîne Court TV (pour les publicités). Au premier étage, Becky Hill peaufine les derniers détails. La greffière est la maîtresse de cérémonie durant les semaines à venir. Toutes les décisions lui reviennent – les grandes, les petites. Les journalistes auront-ils le droit d'installer leurs tentes sur la pelouse ? C'est non. Les téléphones portables seront-ils autorisés dans l'enceinte du tribunal ? Non plus. Faut-il commander des sodas au gingembre ? Bien sûr. « Merci, miss Becky », disent les employés en sortant de son bureau. Entre les murs bleu turquoise, des mantras de pensée positive renseignent sur l'état d'esprit collectif qui anime Walterboro : le monde regarde, alors c'est le moment de montrer la meilleure version de soi-même.

Et puis le 23 janvier, à cinq heures du matin, le cirque commence. Des silhouettes s'agitent comme des ombres devant le tribunal. Il fait encore nuit, mais déjà des techniciens tirent des chariots, empilent des caisses, déroulent des câbles, déplient trépieds, tentes et chaises de camping. Des batteries vrombissent sur le trottoir. De grosses antennes satellite surplombent un alignement de véhicules garés sur un grand terrain vague – des camionnettes siglées WSAV, ABC ou LIVE 5 NEWS et des SUV immatriculés Texas ou Nebraska.

6 h 30, une présentatrice se recoiffe en lisant ses notes sur un iPhone. Le car scolaire passe dans la rue. Un jeune homme prend un selfie avec un index en l'air.

Vers neuf heures, un cortège de voitures noires se gare derrière le tribunal. Des photographes se rassemblent. Un homme tient une croix sur laquelle on peut lire « *Jesus Saves* ». Des reporters tapotent sur l'écran de leur iPhone. Une portière s'ouvre à l'arrière d'un van, et Alex Murdaugh s'extirpe d'une petite cage. Il porte une chemise blanche sur un T-shirt blanc. Ses jambes flottent dans un pantalon gris, et une veste de costume avec des boutons dorés recouvre ses mains menottées.

Becky Hill jette un coup d'œil par la fenêtre de son bureau. Elle trouve que c'est mieux organisé que ce qu'elle imaginait. Son téléphone sonne avec les premières notes de *Come and Get Your Love*.

***

Dans la salle d'audience, les *top guns* ont leurs places attitrées sur une rangée de bancs.

Il y a là Will Folks, le créateur du site d'investigation FITSNews, un homme au crâne lisse avec un air à la fois cool et sérieux, comme s'il avait toujours une source d'avance. Valerie Bauerlein, une grande plume du *Wall Street Journal*, est venue écrire son *De sang-froid*. Nancy Grace, la célèbre Nancy Grace, la présentatrice de l'émission *Crime Stories with Nancy Grace* et dont la page IMDb indique qu'elle a joué son propre rôle dans le film *Batman vs. Superman*, fera le déplacement. Puis les figures régionales. Michael DeWitt, du *Hampton County Guardian*, dans sa chemise à carreaux. En ce moment, il écrit deux livres, en plus de tous les articles qu'il rédigera à l'intérieur de son pick-up Ford gris métallisé, car le journal a vendu ses locaux pour faire des économies. Plus vieux, plus mythique encore, voici John Monk, du quotidien *The State*, qui a consacré une partie de sa carrière à confronter la Caroline du Sud à son passé raciste. Il a huit stylos dans la poche de sa chemise, les cheveux blancs mal coiffés, et nomme les envoyés spéciaux venus des quatre coins du pays et d'ailleurs « les parachutes ». Derrière ces stars, toutes les strates du journalisme : les présentatrices télé locales, les productrices nationales, les pointures de l'investigation, les tabloïds… Un jeune homme au visage de gamin et costume d'adulte se renseigne pour obtenir une accréditation. Il s'appelle James, il est le créateur de la chaîne YouTube « JamesFrom-Court ». Après avoir suivi le procès opposant Johnny Depp à Amber Heard, il commentera celui d'Alex Murdaugh sur Twitch moyennant deux cents dollars le livestream. Dans l'espace médias du Wildlife Center, quelqu'un demande le mot de passe wifi et quelqu'un d'autre répond : « walterbororocks ».

En ce qui concerne la Caroline du Sud, c'est le procès du siècle. Les hommes de loi ont sorti leurs plus beaux costumes à rayures. Eric Bland, l'avocat des enfants de Gloria Satterfield, prend des selfies avec des fans de son podcast *Cup of Justice*. Justin Bamberg, l'avocat d'un certain nombre de victimes présumées des malversations financières d'Alex Murdaugh, ne se déplace jamais sans porter sa montre en or et, aux pieds, des chaussures en peau de reptile. Il a fait de son nom une arme grâce au slogan : « Besoin d'un avocat qui se bat pour vous ? Bam ! » Joe McCulloch, l'avocat de Connor Cook, crinière blanche et regard bleu tendre, donne le plus d'interviews possible, comme s'il était un acteur en promo d'un film. Dans son sac, il a glissé un exemplaire du magazine *Rolling Stone*, au cas où il s'ennuierait. Ce qui semble peu probable : en plus de son travail, McCulloch écrit en ce moment un scénario sur l'affaire, qu'il aimerait vendre à Hollywood. Aux étrangers de passage, il aime servir cette phrase de l'illustre procureur James L. Petigru, remontant au début de la guerre de Sécession, et qui, selon lui, résume tout ce qui se passe ici et risque de se passer dans les semaines à venir : « La Caroline du Sud est trop petite pour être une république mais trop grande pour être un asile de fous. »

À la tête de l'accusation se trouve le procureur Creighton Waters, un petit avocat d'un mètre soixante-dix avec un nez court, un bouc gris et un regard de furie. Avant de plonger corps et âme dans cette affaire, il jouait de la guitare dans un groupe de rock nommé Sole Purpose et reprenait des hits pour des mariages et des anniversaires. Dans sa manche, il a prévu un petit tour rhétorique qu'il compte tester à la barre : demander aux témoins s'ils connaissaient Alex Murdaugh, puis leur demander s'ils connaissaient *vraiment* Alex Murdaugh. Il est persuadé que cela fera son petit effet. Le procureur Alan Wilson sera présent. Il est républicain, voire trumpiste, et vise le poste de gouverneur. Il sait qu'une victoire de l'État dans le cadre du procès du siècle serait un bon coup politique. Enfin, côté défense, se dresse le démocrate Dick Harpootlian, dit Poot, présent depuis le début de l'affaire auprès de son client et de sa famille. L'Amérique a découvert son nom en 1983, quand il a envoyé sur la chaise électrique Donald « Pee Wee » Gaskins, le tueur en série le plus connu de l'histoire de la Caroline du Sud. Depuis, Dick Harpootlian a traité une centaine d'affaires de meurtres, qui ont fait de lui une référence en la matière. Pourquoi cette appétence pour le crime ? « Écoutez, j'aime ça, tranche-t-il lors d'une pause. C'est pour ça que je me lève le matin. »

Les avocats se connaissent tous, s'appellent par leurs prénoms, s'envoient des tapes dans le dos. Harpootlian et McCulloch sont de vieux copains. Le premier est assez client des blagues du second, du genre je me gratte l'œil avec mon majeur pour te faire un doigt d'honneur. Aujourd'hui, Dick Harpootlian fête ses soixante-quatorze ans. Pour l'occasion, Joe McCulloch a prévu une boîte de caviar.

« Et comment on appelle ces petits gâteaux ronds ? »

Des blinis.

***

« Debout ! » crie un agent de sécurité. La salle se lève et le juge Clifton Newman, un homme à la nonchalance sophistiquée et au charisme poli par les années, s'installe dans un grand fauteuil en cuir. Né dans une famille de fermiers, il est le neveu du défenseur des droits civiques Isaiah DeQuincey Newman. Il fut scolarisé dans des écoles ségréguées, avant de s'élever pas à pas jusqu'à la magistrature et d'inspirer toute une génération d'avocats afro-américains. D'une certaine manière, c'est un Murdaugh inversé qui ouvre le duel opposant l'État de Caroline du Sud à l'accusé Richard Alexander Murdaugh.

Encore un peu de patience. Avant d'entamer le procès proprement dit, il faut sélectionner les jurés. Pendant deux jours, neuf cents personnes sont convoquées pour un casse-tête géant, à la recherche de douze individus justes et impartiaux. Un par un, Clifton Newman et Becky Hill leur demandent de se lever, de décliner leur numéro de juré, leur statut familial, leur profession. Ils sont ouvrier du bâtiment, livreur pour Amazon, chauffeur de poids lourd, employé dans un bureau de poste ou dans un supermarché, professeur de lycée, retraité, vétéran… Quelques-uns ont la mine défaite, les traits fatigués, doivent se lever à l'aube, s'occuper de leurs enfants ou de personnes malades ; d'autres souffrent de stress post-traumatique, d'anxiété ou de problèmes de dos qui les empêchent de rester assis ou debout trop longtemps. Les jurés sont payés vingt dollars la journée, et certains font tout pour se sortir de là au plus vite. « C'est moi qui signe les chèques des employés, dit un appelé. Si je ne suis pas là, je risque de me faire tirer dessus. »

« Si vous avez déjà entendu parler de l'affaire, demande le juge, levez-vous. » Des bancs grincent au fond de la salle : tout le monde est debout. Ils sont priés de donner leurs sources. Juré 45 : les infos locales. Juré 148 : Facebook. Juré 149 : podcasts et YouTube. Juré 220 : Internet et la radio. Juré 821 : la télé et les réseaux sociaux. Juré 879 : les articles qui apparaissent sur l'écran. Juré 886 : des conversations au café.

« Tout ce qu'ils ont déjà dit », résume une femme. Deuxième question : « Qui connaît les Murdaugh ? » Nouveaux bruits de bancs. « Il a poursuivi mon père », dit un homme. Une autre personne détaille son arbre généalogique. Un jeune homme dit qu'il connaissait bien Paul Murdaugh.

« Vous pensez que cela pourrait affecter votre jugement ?

— Ça pourrait, oui. »

Un de moins. Le juge lit maintenant la liste des deux cent cinquante-cinq personnes qui pourraient être amenées à témoigner pendant le procès : une centaine de représentants des forces de l'ordre, du commissariat du comté jusqu'au FBI, des membres de la famille, des amis d'Alex Murdaugh, ses associés, ses clients. Cela lui prend dix minutes. Si les candidats connaissent qui que ce soit, ils doivent le signaler, et la salle se vide encore. S'il fallait mesurer une dernière fois l'importance de la famille Murdaugh dans la région, cette scène pourrait l'illustrer.

Enfin, le juge Clifton Newman demande à l'accusé de se lever et de faire face à l'assemblée. Alex Murdaugh se dresse, se tourne et présente à la foule son visage d'homme sans qualités. Son teint rose tend vers le gris, son front est plissé, ses yeux sont telles deux billes sombres dans lesquelles chacun peut projeter ce qu'il veut.

« Bonjour », dit-il.

« Bonjour », répondent ici et là des personnes présentes.

Un léger malaise parcourt la salle. Pourtant, cela ressemble bel et bien à un coup d'envoi.

5.

TOUT LE MONDE NE PLEURE PAS

Des images de mauvaise qualité, diffusées sur plusieurs écrans, qui détiennent peut-être une vérité, peut-être pas. Voici, en ce 25 janvier 2023, ce qui tient l'Amérique en haleine. Pour la véritable première journée du procès, le juge a décidé de projeter, dans la salle du tribunal de Walterboro, le film de la soirée du 7 juin 2021 telle que les *body cams* des policiers l'ont saisie sur le vif. Quand les victimes apparaissent, les avocats recouvrent les moniteurs de feuilles de papier pour que l'assemblée ne puisse voir les corps massacrés. Alors que ce cauchemar le convoque à nouveau, Alex Murdaugh navigue entre deux modes. Face A : il se balance sur son siège, pleure et remue la tête d'avant en arrière, une expression d'épouvante sur son visage rouge. Face B : il feuillette des documents, murmure à l'oreille de son équipe et suit le procès par-dessus ses lunettes sans monture, comme l'avocat qu'il fut jadis. Pendant les pauses, il sourit volontiers. Assis sur les bancs derrière lui : sa sœur Lynn, son petit frère John Marvin, son grand frère Randy, et son fils aîné, Buster, un jeune homme aux cheveux roux ondulés et au visage impassible. Au début du procès, père et fils se sont salués d'un discret signe de la tête.

Les policiers passent à la barre – et comme le comté de Colleton est un petit pays, ce sont parfois ceux-là mêmes qui assurent la sécurité du procès. Le sergent Daniel Greene, le premier arrivé sur les lieux du crime, décrit ce qu'il a vu – de la détresse – et ce qu'il n'a pas vu – des larmes et du sang sur les vêtements.

« Il avait l'air bouleversé, dit-il au sujet de l'accusé, mais je ne dirais pas qu'il paniquait. »

Le caporal Chad McDowell confirme : Alex Murdaugh lui a bien demandé comment il allait. L'adjoint Jason Chapman n'a pas vu de larmes, lui non plus. « Tout le monde ne pleure pas, je n'ai pas de problème avec ça », dit-il.

C'est le moment pour Dick Harpootlian d'avancer ses premiers pions. L'avocat de la défense met la vidéo sur pause et demande aux officiers d'expliquer comment ils procèdent pour sécuriser une telle scène de crime. Au caporal Chad McDowell, Dick Harpootlian lance : « Vous ne savez pas ce que vous faites. » Plus précisément : si leur boulot consiste à sécuriser la scène, pourquoi voit-on des officiers se promener un peu partout à l'écran, sans surchaussures ? « On a fait de notre mieux pour ne pas contaminer les lieux », dit Daniel Greene. Une empreinte de chaussure d'un policier a pourtant été retrouvée dans le sang.

« C'est ça, faire de votre mieux ? Marcher à l'endroit où il y a du sang et de la cervelle ? » s'enquiert l'avocat d'une voix calme et désolée pour eux. Il demande à la cantonade quel genre de formation ils ont suivi, au juste, pour bâcler le travail de la sorte.

« Un entraînement très basique à l'académie de justice criminelle, répond McDowell.

— Très basique », répète Harpootlian.

On peut appeler cela remporter la première manche.

L'analyse des vêtements pose plus de problèmes à l'avocat. Quand les policiers sont arrivés, Alex Murdaugh portait, on l'a dit, un T-shirt blanc et un short kaki. Les habits ont été saisis. Dans un premier temps, un expert a noté que le T-shirt présentait des éclaboussures de sang. Avant qu'un autre expert estime difficile d'identifier les « éclaboussures à grande vitesse » attendues quand on tire sur quelqu'un à bout portant. À la barre arrive la détective Laura Rutland. Elle était présente lors du premier interrogatoire mené à une heure du matin. À ce moment-là, Alex Murdaugh transpirait, dit-elle, mais ses vêtements étaient secs, comme lorsqu'on vient de prendre une douche rapide en plein été. Revient alors en mémoire le fait que l'accusé s'est changé dans la soirée. Alex Murdaugh a dit aux policiers avoir pris le pouls des victimes, touché leurs corps et même tenté de les déplacer. L'avocat de l'accusation John Meadors, un mélange du lieutenant Columbo et de l'acteur Mark Ruffalo, se gratte la tête, comme s'il essayait de comprendre. Il se met à genoux, tape sur le sol et mime un homme prenant le pouls de sa femme dans une mare de sang.

« Comment décririez-vous les mains de l'accusé ? demande-t-il finalement à la détective.

— Elles étaient propres.

— Comment décririez-vous ses bras ?

— Ils étaient propres.

— Comment décririez-vous son T-shirt ?

— Propre.
— Comment décririez-vous son short ?
— Propre.
— Comment décririez-vous ses chaussures ?
— Elles étaient propres. »

Un partout.

Les fusils, maintenant. L'accusation déballe un tas de cartons, et certaines des armes défilent, toutes saisies chez les Murdaugh : un fusil à pompe, un fusil de calibre .12, un fusil semi-automatique avec vision thermique pour chasser le gibier nocturne, et d'autres encore. « Objection, Votre Honneur ! » La défense conteste cette parade d'armes à feu longues comme des serpents, objection refusée, car l'accusation doit montrer toute l'étendue de ses recherches pour dévoiler par quels moyens les meurtres ont été commis.

Après avoir comparé six douilles retrouvées autour de Maggie à d'autres douilles ramassées ailleurs sur la propriété, les enquêteurs sont en mesure de dire que l'épouse d'Alex a été tuée par un fusil appartenant à la famille : un fusil d'assaut 300 Blackout, qui a disparu. Concernant le fusil de calibre .12 qui a terrassé Paul, les Murdaugh sont propriétaires de trois Benelli Super Black Eagle : celui qui appartenait à Paul – l'arme qu'avait Alex près de lui quand les policiers sont arrivés – ; celui qui a été saisi le lendemain des meurtres ; et le fusil favori d'Alex, qui, lui aussi, s'est volatilisé. Parole à la défense : pourquoi Alex Murdaugh aurait-il utilisé deux armes différentes pour tuer sa femme et son fils à quelques secondes d'intervalle ?

Voilà où veut en venir Dick Harpootlian en présentant un grand panneau sur lequel les jurés peuvent voir les silhouettes des victimes, les trajectoires des balles, les angles de tir.

« Une explication serait qu'il y avait deux tireurs, correct ? » demande-t-il à une agente de la South Carolina Law Enforcement Division, tétanisée. Elle hoche la tête et répond « oui » d'une voix à peine audible. Il répète, sur le ton de l'évidence : « Une explication serait deux tireurs. » Elle hausse les épaules, l'air de ne pas savoir, amorce une réponse… « Pas la seule explication, la coupe-t-il, mais c'est une explication raisonnable, comme celle d'un seul tireur, correct ?

— Oui. »

Les mains dans les poches et le visage figé dans une moue désapprobatrice, Dick Harpootlian a une manière bien à lui d'avoir l'air constamment grincheux et tout à fait décontracté. D'une zone d'ombre à l'autre, il sait que son travail dans ce procès se résume à semer les graines du doute. Ensuite, tout pourrait se passer. Il suffirait d'un seul juré qui flanche pour que son client évite une condamnation. Mais, pour cela, encore faudrait-il qu'Alex Murdaugh ne se piège pas tout seul.

6.

UN POULET DANS LA GUEULE

Trois jours après les meurtres, Alex Murdaugh est entendu pour la seconde fois dans la voiture de l'agent David Owen. Il se racle la gorge, comme s'il avait du mal à se débarrasser de quelque chose. Les premières minutes, l'ambiance est plutôt détendue :

« Vous venez d'où ? demande-t-il à l'agent Jeff Croft, assis derrière lui.

— De Barnwell.

— Ah oui ? J'ai des cousins qui vivent à Barnwell. »

L'interrogatoire commence et Alex raconte tout de nouveau, depuis le début, en s'en tenant à sa version initiale : le lundi 7 juin 2021 au matin, il a un peu traîné à la maison ; puis il est allé au travail ; en fin de journée, lui et Paul ont fait le tour de la propriété ; Maggie est rentrée ; tous les trois ont dîné ensemble ;

ensuite, Maggie et Paul sont allés au chenil ; lui est resté sur le canapé et s'est endormi avant de partir rendre visite à sa mère. Au bout d'un moment, il ouvre une portière pour cracher. « Où en étions-nous ? dit-il. Je suis reparti de chez ma mère. Je suis rentré à la maison. Je suis allé à l'intérieur. Personne n'était là. J'ai repris la voiture. Je suis allé au chenil. Et puis… vous savez… »

Sur la banquette arrière, l'agent Jeff Croft résume : « La dernière fois que vous avez vu Paul et Maggie, c'était lors du dîner ?

— Oui, monsieur. »

La vidéo de ce deuxième interrogatoire est maintenant diffusée dans la salle d'audience de Colleton en ce 30 janvier 2023. Réunis au fond, derrière les témoins et les stars, les curieux essaient tant bien que mal de suivre. La majorité du public est composée de femmes blanches de plus de trente-cinq ans, ce qui, pour tout un tas de raisons sociologiques détaillées dans différentes études, correspond à l'audience traditionnelle des documentaires, podcasts et livres de la catégorie *true crime*. Dans son gilet noir et gris, Alison a fait le trajet depuis le Tennessee pour approcher les personnages de son feuilleton préféré. Elle demande à ses voisins s'ils ont vu des vedettes. En ce qui la concerne, elle a pris une photo avec l'avocat Eric Bland, qu'elle a envoyée à sa fille, pour la rendre jalouse. Mark, un auteur de comédies installé à Los Angeles, aux longs cheveux noirs tombant d'un crâne en partie dégarni, était dans la région quand il a décidé de faire un crochet par ici ; il dit que c'est bon pour l'imaginaire. Pour cette même raison, il se rend parfois à des meetings de Donald Trump. Bob et Rose, un couple de retraités de Floride, ont pris une chambre de motel à Walterboro histoire d'occuper quelques jours en assistant au procès du siècle. Marze vient d'Alexandria, en Virginie, à sept heures de route. Elle s'apprête à emménager en Caroline du Sud. En attendant que sa maison soit construite, elle viendra au tribunal le plus souvent possible.

Tous font le même constat : du fond de la salle d'audience, on entend et on voit moins bien qu'à la télé. « Tu comprends ce qui se passe ? » glisse Jerry à sa femme. Quelques minutes s'écoulent. « Ça t'intéresse toujours ? »

La voix d'Alex Murdaugh se mêle aux bruits de la climatisation, des emballages de bonbons et des boîtes de Tic-Tac qui aident les uns et les autres à rester éveillés – il arrive qu'un curieux pique du nez. Pendant une pause, un homme met les mains sur les hanches, fait des mouvements de bassin d'avant en arrière et conseille à ses voisins d'en faire autant. L'exercice consiste à demeurer alerte en attendant ce que journalistes, avocats et junkies du crime appellent « les bombes ».

Et, soudain, en voici une. Au bout de quarante-cinq minutes d'interrogatoire, Alex Murdaugh fond en larmes à l'évocation d'une photo du corps de Paul, traumatisante. Il dit que c'est terrible. Il semble dire ceci : « *It's so bad, I did him so bad.* »

Quoi ? Mark fronce les sourcils et se tourne vers Alison. Les journalistes se regardent et constatent le même doute chez leurs voisins. L'extrait repasse et ils tendent le cou pour mieux voir.

« *It's so bad,* I *did him so bad.* » Ou bien : « *It's so bad,* they *did him so bad.* » « Je lui ai fait du mal » ? « Ils lui ont fait du mal » ? « Je l'ai si mal fait » ? « Ils l'ont si mal fait » ? Personne n'est sûr, mais tout le monde s'emballe : l'accusé n'aurait-il pas, avec ces mots, confessé le meurtre de son fils ?

L'équipe de Nancy Grace est prête. Un maquilleur vide une bombe de laque pour faire tenir les cheveux de la star malgré l'humidité. La journaliste pianote sur son téléphone à coque rose sans faire attention aux coups de pinceau sur ses paupières. Le nouvel épisode de son podcast s'intitule : « MURDAUGH BOMB SHELL : "I DID HIM SO BAD" ».

Le lendemain, on repasse l'extrait, encore et encore. L'agent spécial Jeff Croft, assis sur la banquette arrière pendant l'interrogatoire, est formel : il a entendu « je ». « *I did him so bad.* » L'avocat de la défense Jim Griffin lui demande s'il en est vraiment certain. Affirmatif.

Et que s'est-il passé ensuite ? Qu'a-t-il fait ? « J'ai pris une note mentale », répond l'agent spécial. Et c'est tout. Pourquoi n'a-t-il pas relancé l'intéressé pour obtenir une précision ? Et si c'était une confession, pourquoi ne pas lui avoir passé les menottes ? Maintenant, la défense rediffuse l'extrait au ralenti, au tiers de la vitesse réelle, et la confusion s'ajoute à la confusion. Objectivement, c'est difficile. Et puis admettons qu'il ait dit « je », qu'entendait-il par là au juste ? Qu'il l'avait tué ? Qu'il avait fait du mal à son fils ? Ou, plus simplement, qu'il avait échoué en tant que père ? Sur les lèvres d'Alex Murdaugh, immobile sur son banc, on peut lire : « Je n'ai pas dit ça. » Tout le monde retient son souffle, et pourtant personne ne sait que le plus important dans l'interrogatoire du 10 juin 2021 reste à venir.

***

Voici les téléphones. Des professionnels en informatique et données cellulaires viennent à la barre et détaillent les dernières communications, le nombre de pas enregistrés, les changements d'orientation des écrans, des *timecodes* précis à la seconde près. C'est technique, il faut bien suivre la chronologie.

Le téléphone d'Alex Murdaugh, d'abord. L'appareil n'enregistre aucun mouvement de 20 h 10 à 21 h 02. Puis, à peu près à l'heure à laquelle il dit être parti rendre visite à sa mère, Alex appelle Maggie, à trois reprises, zéro réponse. Plus tard dans la soirée, à 21 h 45 et 22 h 04, il la rappelle deux fois, et toujours rien. À 21 h 47, il lui envoie un message : « Appelle-moi, chérie. » Selon l'accusation, aucune de ces tentatives n'avait la moindre chance de parvenir à sa destinataire : on estime que Maggie et Paul ont été tués à 20 h 50 environ. Ce qui amène les enquêteurs au téléphone de Maggie. À 20 h 49, il est verrouillé. Pourtant, cinq minutes plus tard, son écran change d'orientation, passant de portrait à paysage. L'espace d'une seconde, la caméra s'active, mais la reconnaissance faciale ne déverrouille pas le téléphone. Selon un expert informatique, cela semble nous dire une chose : à ce moment précis, une autre personne que Maggie tenait son téléphone. À 21 h 6 min 12 s, l'écran change une nouvelle fois d'orientation, passant en mode portrait, comme si quelqu'un tenait de nouveau l'appareil dans sa main. Exactement deux secondes plus tard, Maggie reçoit un appel d'Alex. L'accusé tenait-il son téléphone dans une main et celui de sa femme, déjà morte, dans l'autre ? Et l'aurait-il appelée pour fabriquer son alibi ? La défense dit que non : le nombre de pas enregistrés sur les deux téléphones ne collerait pas avec cette hypothèse.

Venons-en au téléphone de Paul. Il a fallu neuf mois aux enquêteurs pour le déverrouiller. En mars 2022, un agent des services secrets a utilisé un logiciel spécialisé. Pour trouver un code à quatre chiffres, cela peut prendre dix mille tentatives étalées sur soixante-huit jours, mais les policiers ont finalement trouvé au bout de trois jours – le mot de passe était une variation de la date de naissance de son propriétaire. Ce que les enquêteurs ont ensuite découvert dans l'appareil dépassait leurs attentes.

Vingt minutes avant l'heure présumée des meurtres, à 20 h 29, le 7 juin 2021, Paul reçoit un message de son amie Megan : « Tu ne m'as pas envoyé de recommandation de film. » Réponse : « Ha ha, je n'en avais pas de bonne. » Dix minutes plus tard, à 20 h 40, il reçoit un appel de son ami Rogan Gibson. Ce dernier avait confié aux Murdaugh la garde de son labrador, Cash. Le chien semble avoir un problème à la queue, dont Paul et Rogan parlent pendant quatre minutes. À 20 h 44, Paul se trouve dans le chenil et filme Cash pour envoyer la vidéo à son ami. À 20 h 48, il conseille à Megan de regarder *A Star is Born*. Deux messages suivent : « Non, j'ai besoin de quelque chose de joyeux » et « Je n'aime pas les films tristes ». Une minute plus tard, le téléphone est verrouillé, il lui reste 2 % de batterie, mais Paul ne lira plus aucun message.

Une nouvelle bombe est sur le point de tomber. Dans le téléphone de Paul se trouvait une vidéo. Une cinquantaine de secondes filmées dans le chenil, entre 20 h 44 min 49 s et 20 h 45 min 47 s, soit quelques minutes seulement avant l'heure estimée des meurtres. L'accusation va maintenant la présenter. Les bancs du tribunal grincent, des murmures agitent l'assemblée, les curieux sont à l'affût.

Bouton « lecture ». À l'écran, une main ouvre une porte grillagée. Un labrador chocolat apparaît, sa queue remue devant la caméra.

« Recule, recule », dit une première voix, celle de Paul.

À l'arrière-plan, une deuxième voix se fait entendre, celle de Maggie : « Hé, il a un poulet dans la gueule », dit-elle en parlant d'un autre chien, Bubba.

Puis une troisième voix s'élève, avec un accent du Sud reconnaissable entre tous : « Bubba ! Viens là, Bubba ! Viens là, Bubba ! »

C'est Alex Murdaugh. Fin de la vidéo.

Pendant que les images passent, Alex Murdaugh secoue la tête d'avant en arrière. Lors de ses trois interrogatoires, il n'a cessé de le répéter : il ne s'est pas rendu au chenil avec Maggie et Paul, et la dernière fois qu'il les a vus, c'était au dîner. Voilà maintenant qu'une vidéo semble prouver le contraire.

Rogan Gibson, l'ami de Paul et propriétaire de Cash, vient à la barre. Pour évoquer ses liens avec les Murdaugh, Gibson dit qu'ils étaient sa seconde famille. Il les connaît depuis l'âge de onze ou douze ans. Il avait un surnom pour chaque membre du clan : Buster était « Bus », Alex était « Big Red », et Maggie, « Miss Maggie ». En novembre 2022, la police l'a convoqué et lui a montré la vidéo du chenil. Il a reconnu les voix de sa seconde famille : celle de Paul, celle de Maggie et celle d'Alex.

Ce huitième jour, à la barre, on lui demande à présent de le confirmer sous serment. Il a le menton haut et la mâchoire serrée. Par-dessus ses lunettes sans monture, Alex Murdaugh le regarde fixement.

Le procureur Creighton Waters diffuse une nouvelle fois la vidéo :

« Vous reconnaissez votre chien ?

— Je le reconnais.

— Vous reconnaissez la voix de Paul ?

— Oui, monsieur.

— Vous reconnaissez la voix de Maggie ?

— Oui, monsieur.

— Vous reconnaissez la voix d'Alex ?

— Oui, monsieur.

— À 100 % ?

— Oui, monsieur. »

Son procès n'a débuté que depuis une semaine et, déjà, Alex Murdaugh est pris en flagrant délit de mensonge sur l'un des détails les plus importants de l'affaire : à 20 h 44, ils étaient trois dans le chenil. Quelques minutes plus tard, Maggie et Paul étaient morts, et lui était vivant. La déduction qui s'impose ne joue pas en sa faveur.

Mais cette réponse induit une autre interrogation, celle du mobile : en admettant qu'il l'ait fait, ce qui semble être le cas, pourquoi l'avocat aurait-il tué sa femme et son fils ? Poser cette question, c'est démarrer un autre procès, qui va nécessiter de retracer la vie de l'accusé, d'entrer dans le détail de la longue liste de ses crimes financiers et d'appeler à la barre de nombreux nouveaux témoins. Dieu seul sait quand tout cela se terminera. Dans une salle de réunion, Becky Hill demande à une employée de commander plus de sodas et plus de mini-bouteilles d'eau. « JamesFromCourt » réfléchit à une solution de logement pour prolonger son séjour en ville. Le cirque est désormais un grand marécage. Les pneus des véhicules enfoncent les câbles électriques dans la terre moite. « Attachez vos ceintures », lance à la volée Will Folks, le célèbre journaliste d'investigation. Personne ne le dit frontalement, mais c'est comme si tout le monde le chuchotait : si l'on veut saisir ce qui s'est passé dans le cerveau d'Alex Murdaugh le 7 juin 2021, il va falloir remonter loin dans le passé et se tourner vers l'espace de la salle d'audience, où, il n'y a pas encore si longtemps, l'aïeul du meurtrier présumé regardait la foule d'un œil satisfait.

PARTIE 3

LE PAYS DES MURDAUGH

7.

UNE IDÉE DU CHARME

Soixante mille hommes fendent le paysage. Le 15 novembre 1864, le général nordiste William Tecumseh Sherman lance une chevauchée militaire sanglante et sauvage. En plus d'écraser les troupes confédérées, il veut broyer le moral des habitants du Sud et leur offrir des traumatismes pour les générations à venir. Partis d'Atlanta, en Géorgie, ses soldats déferlent jusqu'au port de Savannah avant de remonter la Caroline du Sud pour hanter à jamais la terre qui a déclenché la guerre de Sécession. Après eux, l'herbe ne repousse pas. Ils sèment la terreur et la désolation, mettent le feu aux fermes, moulins, scieries, égreneuses à coton et plantations de riz, volent les chevaux, les mules, le bétail, se servent dans les récoltes, pillent les maisons. Des esclaves sont affranchis et des maîtres brisés dans le bruit des sabots, des flammes et des fusils. Pour sauver ce qu'ils peuvent, les civils enfouissent leurs biens les plus précieux au fond des marécages. La guerre s'achève sur une humiliation. Le Sud est un champ de ruines. Dans le chaos de la Reconstruction, le désespoir percute une société de castes, de violence et d'inégalités héritées des premières heures de la colonisation.

Le Lowcountry est un chantier vaste et désolé. Le territoire est reconfiguré. En 1878, un nouveau comté, construit autour d'un petit tribunal en briques sur deux étages, apparaît sur la carte : Hampton, ainsi baptisé en hommage au général confédéré Wade Hampton. Un village du même nom voit le jour le long d'une nouvelle voie ferrée, composé d'une poignée de rues et de quelques centaines d'habitants aimantés vers ce coin reculé par la promesse de terres bien moins chères qu'ailleurs. Après la Reconstruction, un homme s'installe à Hampton : Josiah Putnam Murdaugh. Avant d'atterrir ici, les Murdaugh ont vécu de l'extraction du phosphate, du commerce d'engrais, de la vente de coton et de diverses opérations immobilières. Ils ne roulent pas sur l'or, mais ils sont plus riches que leurs nouveaux voisins. Plus respectables, aussi. Josiah Putnam Murdaugh II, un homme avec un visage dur de démon barbu, est un vétéran de la guerre de Sécession ; il raconte à qui veut bien l'écouter qu'il montait la garde pendant la reddition du général Robert E. Lee à Appomattox et qu'il a donc sa place dans la grande histoire. Annie Marvin Davis Murdaugh, son épouse, aime se présenter comme une cousine du président des États confédérés Jefferson Davis. Un siècle et demi plus tard, les habitants ont des doutes sur ces prestigieux liens du sang. Certains disent même que ce pourrait être le mensonge originel des Murdaugh.

En 1887 naît Randolph, leur cinquième enfant. Les premières années s'écoulent entre les pins, les marais et le bruit des locomotives. Une anecdote contribue à construire sa légende : un jour, Randolph voit un jeune homme tomber entre les wagons d'un train de marchandises et se rue à son secours. Si le malheureux finira amputé, l'histoire retiendra que Randolph fut le premier à lui venir en aide. Quand pointe le nouveau siècle, le jeune homme a des envies d'ailleurs. Randolph souhaite parcourir la planète et vivre une existence d'aventures. Il envisage de s'engager chez les Marines. On sait peu de choses sur ce qui suit, mais il faut imaginer le périple : au début du XXe siècle, un gamin du Sud dit au revoir à sa famille, monte vers le Nord, traverse toute la côte Est, se rend à l'académie navale d'Annapolis, dans le Maryland, à neuf cents kilomètres de la ville dans laquelle il a grandi et du seul endroit qu'il ait jamais connu, quand soudain tout s'effondre. Des médecins lui diagnostiquent un problème cardiaque ; il est déclaré inapte pour tout service et doit rentrer chez lui. Retour dans le sud du Sud.

C'est alors que Randolph Murdaugh met à exécution son plan B : devenir avocat. Il entre à l'université, décroche un diplôme de droit en 1910 et ouvre un petit cabinet à Hampton. Sur les quelques photos de l'époque, il a fière allure, avec ses élégants costumes gris, ses cheveux bien peignés, son nez bien droit et son regard sérieux. La légende raconte qu'il n'eut guère besoin d'installer une enseigne à son nom sur la devanture, car tout le monde savait qui il était, évidemment. Bientôt, qui dit Hampton dit Murdaugh. Randolph est partout : à la commission des écoles, délégué du comté pour la convention du Parti démocrate, avocat officiel de Varnville, le patelin voisin, membre de toutes les confréries de la région (la franc-maçonnerie, les Chevaliers de Pythias, les Woodmen of the World, le Junior Order of United American Mechanics, Sigma Alpha Epsilon, le Benevolent and Protective Order of Elks...). En 1916, il crée un journal local. Son réseau s'étend. Quitte à rester du côté des vaincus, autant y régner.

En Amérique, les citoyens votent tous les quatre ans pour élire le procureur de leur comté. En tant que représentant du ministère public, ce procureur est chargé d'engager des poursuites au nom de l'État et de déterminer ce qui est ou n'est pas présenté au tribunal, afin que justice soit rendue. Son rôle est essentiel au fonctionnement social. Dans une région reculée où tout le monde se connaît, mieux vaut se tourner vers un personnage de confiance pour occuper la fonction.

Et c'est ainsi qu'en 1920, après avoir présenté sa candidature au bureau du 14e circuit juridique, cinq comtés situés à l'extrémité du sud de la Caroline du Sud, Randolph Murdaugh est tout naturellement élu procureur. Dans le Lowcountry, le jeune homme, alors âgé de trente-trois ans, traque les faibles et les puissants, poursuit des commissaires aux comptes, des banquiers, un shérif, un pasteur, et fait le ménage parmi les pourris. Lors des procès pour meurtre, les habitants se ruent au tribunal pour le voir plaider comme un formidable comédien. Sans concurrence, il est réélu, puis réélu encore. D'un mandat à l'autre, son nom devient synonyme de loi et d'ordre.

Puis, le 19 juillet 1940, la mort frappe pour la première fois. Vers une heure du matin, un train de marchandises avance dans la nuit. À six kilomètres de Varnville, un machiniste aperçoit un véhicule le long d'un passage à niveau. Son occupant lève la main comme s'il faisait signe au conducteur de la locomotive. La voiture est immobile quand le train approche. Soudain, la voiture démarre et s'arrête sur les rails. Le train la percute dans une explosion de ferraille et la traîne sur trois cents mètres. On retrouve l'occupant de la voiture près de la voie ferrée, à quarante-cinq mètres du passage à niveau. Cinq jours plus tard, l'édition du *Hampton County Guardian* annonce la nouvelle en première page et en majuscules : « RANDOLPH MURDAUGH SR. TUÉ PAR UN TRAIN ». L'enterrement a lieu à Hampton. Le comté pleure la mort de « l'un de ses citoyens les plus respectés ». Randolph Murdaugh Senior laisse derrière lui une famille en deuil et un cabinet, Murdaugh & Murdaugh, où travaille alors l'un de ses deux fils : Randolph Murdaugh Junior. L'aventure continue.

***

À tous ceux à qui il a été amené à raconter sa vie, Randolph Murdaugh Junior semble avoir parfois présenté son existence comme l'une de ces ascensions difficiles dont raffole l'Amérique. À l'âge de deux ans, il a perdu sa mère. Petit, il passait son temps à suivre Randolph Senior dans les couloirs du tribunal. Il a fallu traverser la crise de 1929, les temps étaient durs. Plus tard, il ne dut qu'à lui-même, et à ses qualités de footballeur, d'entrer à l'université, où ses exploits établirent sa réputation. Lors d'un match, il bousilla l'un de ses adversaires, ce qui lui valut un surnom, trouvé par son coach : Buster (*bust* signifiant « bousiller »). Dès lors, tout le monde se mit à l'appeler Buster. Cela ne l'exempta pas des petits boulots. Pendant ses études, ses journées étaient minutées : tous les matins à sept heures, il travaillait à l'administration des routes ; de neuf heures à treize heures, il bûchait sur les bancs de l'université ; de quinze heures à dix-huit heures, il était greffier au sénat de Caroline du Sud. Une fois son diplôme en poche, en 1938, il commença à travailler aux côtés de son père, en tant qu'assistant du procureur.

À l'été 1940, quand son père meurt, Buster a vingt-cinq ans et toute la vie devant lui. Il ne perd pas de temps : le 1er octobre, il attaque la compagnie ferroviaire Charleston & Western Carolina Railway Co. pour homicide involontaire. Le personnel de bord aurait dû siffler ou sonner la cloche à l'approche du passage à niveau, assure la plainte. En outre, des arbres et des buissons auraient obscurci la vision de son père. La famille Murdaugh réclame cent mille dollars. Le 22 septembre 1941, un accord à l'amiable est signé pour un montant qui ne sera jamais dévoilé. Les années suivantes, la famille, menée par Buster, ne cessera de poursuivre la compagnie, comme si l'accident de Randolph était un puits de pétrole juridique à pomper encore et encore. En ville, certaines voix s'en étonnent : au moment de sa mort, Randolph Murdaugh était pris à la gorge financièrement, sa santé déclinait – il sortait justement d'un séjour à l'hôpital. Le soir de son accident, il rentrait d'une partie de poker chez des amis. Était-il dans son état normal ? Avait-il des dettes ? Les choses auraient-elles mal tourné ? Aurait-il pu se faire tuer ? Ou bien vouloir se suicider ? Ou faire passer son suicide pour un meurtre, comme Alex Murdaugh le fera huit décennies plus tard ?

Mais ces voix ne font pas le poids. Comme son père avant lui, Buster est élu au poste de procureur. Une fois, deux fois, trois fois. Comme son père avant lui, il tisse sa toile :

président du club des Jeunes Démocrates de Hampton, membre du conseil à la protection sociale, membre du comité exécutif du Parti démocrate pour le comté, fondateur de l'association des avocats de Caroline du Sud, maire intérimaire de Varnville pendant deux ans... Et, comme son père avant lui, il chasse avec les forces de l'ordre, pêche avec les juges, joue aux cartes avec les avocats, manie l'art de demander des nouvelles des événements de la vie de chacun et de lui faire croire qu'il compte plus que tous les autres. Tout le monde est le bienvenu pour manger dans la main des Murdaugh. Ils reçoivent comme des Gatsby, organisent des barbecues, des réceptions, où accourent des centaines de convives. Un jour, *The Hampton County Guardian* consacre deux colonnes à l'une de leurs fêtes. L'article s'attarde sur la nappe en taffetas et les candélabres en cristal : « La table de la salle à manger était une idée du charme. »

Buster séduit, magnétise, noue des liens et bientôt fait des destins. Lors d'une partie de chasse, il se prend d'amitié pour le pasteur James P. Harrelson, lui conseille la magistrature. Il lui prête quelques livres de droit, et le pasteur devient avocat. Ensuite, il le met sur la voie de la politique, et le pasteur finit sénateur. Au tribunal du comté de Hampton, on reconnaît Buster de loin, à sa manière de cracher son tabac dans une tasse. Il se fait une réputation de défenseur des faibles contre les puissants, anime ses plaidoiries de son talent de conteur-né et transforme la moindre anecdote en irrésistible numéro de comédie. Dans un courrier daté du 21 mai 1951, un juge le félicite pour son « travail remarquable » et son « sens rare de la justice ». Bientôt on ne l'appelle plus « Buster » mais « Handsome », le bel homme. Randolph Junior a dépassé Randolph Senior, comme une version plus aboutie de son père. Grand ciel bleu. Jusqu'à ce qu'un scandale soit sur le point de faire vaciller ce succès impeccable.

L'affaire explose dans la nuit du 15 novembre 1951. Des agents fédéraux ont localisé une distillerie de whisky illégale d'une capacité de cinquante mille litres. Un raid est organisé, des coups de feu sont échangés, la police fédérale fait sauter la distillerie avec de la dynamite. L'enquête qui s'ensuit met en lumière ce qu'on appellera dans la région « la conspiration du whisky », un vaste réseau de distilleries illégales protégées par les puissants du coin. Sont mises en examen vingt-neuf personnes, dont un magistrat, un shérif et des membres des forces de l'ordre. Et Buster Murdaugh. Il est reproché au procureur d'avoir alerté un contrebandier afin qu'il déplace sa production et évite une descente de police. Le procès s'ouvre le 17 septembre 1956. L'instruction prouve rapidement que des témoins ont été menacés ou approchés par les accusés et leurs avocats, qui leur ont offert une récompense en échange de leur silence. Certains, d'ailleurs, se rétractent à la barre. James P. Harrelson, le pasteur et cher ami de Buster, est l'un des avocats de la défense. Un magistrat évoque tout un réseau de « descentes amicales » orchestrées par le procureur. Un ancien adjoint du shérif assure l'avoir vu partager un pot-de-vin de cinq cents dollars avec le shérif en contrepartie d'une sentence légère contre un bootlegger.

Le système Murdaugh est mis au jour. Lors du procès, un avocat le décrit : « Il est un cran au-dessus des autres accusés en matière d'intelligence. Il ne s'est pas fait prendre dans une distillerie. Il est trop intelligent pour avoir ses doigts sur les barils. Étaient impliquées dans cette opération trente-deux distilleries, qui ont produit trois cent quarante mille litres de whisky au cours de la période couverte par l'enquête. La conspiration n'aurait pu exister sans la participation et les connaissances du procureur. » La façade se lézarde. « Avez-vous entendu parler des efforts de l'association du barreau du comté de Hampton afin de radier Murdaugh pour avoir menti à ses clients et les avoir volés », lance un avocat. L'accusation le désigne comme « le contrôle supérieur, le cerveau, l'homme qui menait la danse ». La preuve : il pêche avec le shérif et chasse avec un contrebandier. Dix jours après le début du procès, Buster Murdaugh passe à la barre. S'il doit se défendre, il le fera lui-même – et rendra les coups. Son nom cité partout dans le dossier ? Les pots-de-vin ? Des paiements d'investigations menées par le shérif dans un cas civil, voilà tout. L'ambiance se tend. Dans ses conclusions, l'accusation offre des formules bien senties. « Jesse James chevauchait un cheval, mais ce M. Murdaugh roule en Cadillac avec une licence de droit. » Le procureur du district : « Cet homme se faisait appeler "Randolph le vertueux", et maintenant, c'est "*bootlegging* Buster". » Dix-sept accusés sont condamnés, plus cinq autres qui ont plaidé coupable après le début du procès. Le shérif Thompson est condamné à sept ans de prison, l'un de ses anciens adjoints à quatre, un ancien magistrat à trois. Buster Murdaugh, étrangement, est acquitté. Il apparaîtra plus tard que l'un de ses cousins a rencontré un juré dans un *steak house* de la région quelques jours avant le jugement.

Début 1957, Buster Murdaugh est de retour aux affaires. Le monde autour de lui s'apprête à changer. L'heure est à la lutte pour les droits civiques. Dans un Sud hanté par le Ku Klux Klan, les fantômes de la colonisation, de l'esclavage et de la guerre civile, les Murdaugh sont du bon côté de l'Histoire. Ils sont progressistes tant que ça sert leur nom. Par-delà les clivages, ils s'entendent avec tout le monde, les Blancs et les Noirs, les riches et les pauvres, les puissants et les vulnérables. Au cabinet, ils sont rejoints par d'autres comme eux, aimantés par le pouvoir et l'influence. La devanture évolue au gré des arrivées : Murdaugh & Murdaugh devient Murdaugh, Eltzroth & Peters, puis Peters, Murdaugh, Parker, Eltzroth & Detrick (PMPED). De décennie en décennie, la petite affaire familiale devient un empire.

Le temps a fini par sculpter la figure de Buster Murdaugh. Les ennuis judiciaires sont loin derrière lui. Dans les années 1980, il collectionne les hommages comme une rock star dont la dernière tournée ne s'arrête jamais. Lors d'un grand barbecue à sept cents invités et dix dollars l'assiette, avocats, juges et forces de l'ordre lui tirent leurs chapeaux. Un juge et ami d'enfance l'assure : « Aucun avocat ne lui arrive à la cheville. » Le président de l'association du barreau de Beaufort dit qu'il risque d'être « difficile de marcher sur les traces de Randolph ». On sert des anecdotes, et l'on dévoile aux convives le portrait de Buster peint par un artiste du coin, celui qui sera bientôt accroché au mur du tribunal pour des décennies. En 1986, la loi l'oblige à se retirer. Trente ans après le grand procès de la conspiration du whisky, Buster raccroche les gants et prend officiellement sa retraite. Il a soixante-douze ans, dont quarante-huit passés au service du bon peuple du Lowcountry, record de longévité dans l'histoire des États-Unis. Son fils Randolph III lui succède au bureau du procureur. Né en 1939, un an avant la mort du premier Randolph, il a rejoint le cabinet en 1964 et son heure est enfin arrivée. Les années passent, et les Murdaugh l'emportent toujours.

8.

MURDAUGH, MODE D'EMPLOI

Pluie de Randolph sur le comté de Hampton. En 1989, trois Randolph photographiés devant le tribunal de Hampton apparaissent en couverture du magazine *Carolina Lawyer*, le *Vanity Fair* des avocats du Sud : Randolph II, Randolph III et Randolph IV. Trois couleurs de costume, trois sourires sereins, trois regards confiants tournés dans la même direction. Dans les pages du magazine, ils parlent les uns des autres. Randolph II convoque la légende de Randolph I, Randolph III tresse des lauriers à Randolph II, le jeune Randolph IV écoute II et III pour en prendre de la graine. « Je ne crois pas que l'un de nous ait déjà pensé faire autre chose qu'avocat », dit l'un des Randolph, peu importe lequel.

Dans les années 1990, le libéralisme triomphe, les multinationales fleurissent et la croissance est tranquille. Pour les Murdaugh, les affaires vont bon train. Leur secret ? Une faille juridique, tout simplement. La loi autorise alors les résidents de Caroline du Sud à emmener un litige dans le comté de leur choix, à condition que l'entreprise poursuivie y fasse du business. Par exemple : vous vivez à Columbia, à deux heures de route au nord de Hampton. Lors d'un voyage, vous glissez sur une frite dans un McDonald's du Tennessee, vous vous cassez le bras et vous souhaitez porter plainte. Si McDonald's possède un restaurant dans le comté de Hampton, vous pouvez y porter plainte et y poursuivre le fast-food. Et si vous frappez à la porte de PMPED, cela signifie que votre avocat pêche avec le juge, chasse avec les jurés et casse la croûte avec tout le comté. Vos chances d'empocher un pactole augmentent sensiblement. Est-ce un racket organisé ? En quelque sorte. Tout cela est-il néanmoins légal ? Absolument. Dans ce pays où traîner les autres devant la justice est un sport national, cette stratégie du tribunal idéal porte même un nom : le *forum shopping*.

Hampton se transforme en lieu de pèlerinage pour plaignants. Le comté devient une arène où une certaine Amérique, celle du passé, des perdants et des laissés-pour-compte, vient en découdre avec une autre, celle des gagnants, de la mondialisation et du libéralisme désinhibé. Ici, un honnête citoyen peut faire les poches à un géant du capitalisme avec la bénédiction de la bannière étoilée. La cible de prédilection : la CSX Transportation, une compagnie de chemins de fer. Le plus souvent, les accidents ont lieu ailleurs, mais les trains de marchandises traversent le comté. Entre 1995 et 2002, l'entreprise débourse 18,8 millions de dollars en verdicts et arrangements dans des conflits l'opposant à PMPED. Les bureaux de PMPED deviennent l'un des plus hauts bâtiments du comté. L'édifice est surnommé « l'immeuble construit par CSX ». Petite précision : la CSX est la descendante de la Charleston & Western Carolina Railway, impliquée dans la mort du premier des Randolph. Il est permis d'y voir une vengeance personnelle. « En 1940, un train a tué mon grand-père, et depuis, ils ont continué de tuer notre communauté », déclare d'ailleurs Randolph III lors d'une cérémonie.

Les avocats de la firme sont les meilleurs. Le redoutable Ronnie Crosby comptera bientôt deux cent cinquante victoires à plus d'un million de dollars, dont quelques-unes dépassant dix millions. L'illustre Johnny Parker figurera dans les listes de « Super Avocats » de Caroline du Sud et des « Meilleurs Avocats des États-Unis », capable d'obtenir quatorze millions de dollars dans un dossier pour faute médicale professionnelle – soit treize fois la moyenne nationale. Le site Internet de PMPED dresse l'étonnant tableau de chasse des victoires à plusieurs millions de dollars remportées par le cabinet contre les puissants : Nissan, Ford, General Motors, Monsanto, une pharmacie CVS... Un temps, un magasin Walmart a envisagé de s'installer dans le comté de Hampton mais s'est finalement ravisé – trop risqué.

Le 5 février 1998, Buster Murdaugh meurt à l'âge de quatre-vingt-trois ans. La région pleure une « légende », une « personnalité *bigger than life* », un homme dont l'humanité n'avait d'égale que sa « connaissance encyclopédique du droit ». En plaisantant, le shérif du comté de Beaufort l'annonce dans la presse : les forces de l'ordre l'aimaient tellement qu'aucun officier ne sera en service le jour de l'enterrement. Un avocat de Hilton Head résume : « Le Lowcountry est un endroit meilleur car Buster Murdaugh est passé par là. »

Au même moment, pourtant, le reste de l'Amérique se penche sur le drôle de cas du comté de Hampton et regarde tout cela d'un autre œil. En 2002, le magazine *Forbes* publie un article intitulé « Avantage à domicile », dépeignant une ambiance d'un tout autre temps : le juge fume dans la salle d'audience, appelle les avocats par leurs prénoms, leur tend des fraises fraîchement cueillies et les rejoint de l'autre côté de la rue pour manger des fruits de mer, juste après avoir présidé une affaire à treize millions de dollars, serré la main d'un avocat du coin et envoyé un baiser à celui de la défense. Au tournant du millénaire, le comté devient subitement le symbole d'une justice archaïque, désuète et dépassée.

En 2004, nouvelle onde de choc : cette fois, c'est la très sérieuse American Tort Reform Association, l'association qui se consacre à la réforme du système juridique, qui tacle Hampton. Le comté est classé en troisième position des « enfers judiciaires », aussi appelés « juridictions magiques ». Définition par l'avocat du Mississippi Richard « Dickie » Scruggs : « Dans ces endroits, il est presque impossible d'obtenir un procès équitable si vous êtes du côté de la défense [...] Les affaires ne se gagnent pas au tribunal. Elles sont remportées dans les arrière-cours bien avant qu'un dossier aille au procès. » Le tableau est accablant, pire que l'article de *Forbes*. Il y est précisé que le nombre de plaintes déposées à Hampton a doublé au cours des cinq dernières années, et que la majorité de celles déposées dans le comté le sont par des résidents d'autres comtés et d'autres États. Les dossiers de dommages corporels sont devenus une industrie, les entreprises attaquées préfèrent s'arranger à l'amiable, car PMPED a fait main basse sur le comté. « Beaucoup d'avocats qui ne sont pas de là-bas sont terrifiés à l'idée de se rendre dans le comté de Hampton », dit le rapport. La firme apparaît soudain comme une mafia sur deux étages. En 2005, une loi est votée pour limiter le *forum shopping*. Cela coupe une source de revenus pour le cabinet. L'année d'après, Randolph Murdaugh III décide de ne pas se représenter au poste de procureur. C'est à présent à la génération suivante de montrer comment elle peut survivre dans ce nouveau monde.

***

L'image date d'octobre 1973. Un petit garçon de cinq ans foule le sol du palais de justice du comté de Hampton. D'une main innocente, il tire au sort les noms des prochains jurés, et c'est un événement en soi. Dans un court article publié en une, le journal présente au public la « quatrième génération de Murdaugh au tribunal ». L'enfant en question est le petit frère de Randolph IV, le fils de Randolph III, le petit-fils de Buster et l'arrière-petit-fils de Randolph Senior. Il s'appelle Alex, mais le journal écorche son prénom en l'écrivant « Alec ».

Les Murdaugh vivent alors dans une petite maison en briques, basse et modeste, dans le quartier de Varnville, prisé par les avocats, les juges et les banquiers du comté. Malgré leur puissance politique, « personne ne roulait en Mercedes, résume James Tuten, qui était leur voisin. Leur vie n'avait rien d'ostentatoire ». Le petit Alex Murdaugh traîne avec son copain Russell Laffitte, qui vit quelques maisons plus loin. Ils font les quatre cents coups au milieu des pins. Un jour, ils allument un feu ; un autre, ils cassent une fenêtre en tirant avec un pistolet à air comprimé. La mère, Libby, enseignante, emmène les enfants du quartier à l'école. Chez les Murdaugh, on ne va pas dans le privé, mais dans les établissements publics fréquentés par les futurs citoyens, électeurs et jurés du comté. « Dans notre établissement, il y avait une certaine diversité raciale et sociale, commente James Tuten. Quand on y repense, c'était rare à l'époque. »

Au lycée Wade-Hampton, Alex Murdaugh n'est pas l'élève le plus brillant. Moins intello que son grand frère Randy, sans doute moins fauteur de troubles que son petit frère John Marvin. Quoique. Un jour, Alex Murdaugh et James Tuten sont convoqués par leur coach. « Je crois qu'on dormait en classe », croit se souvenir ce dernier. Le coach de l'équipe de basket est décidé à leur administrer la raclée de rigueur : trois coups portés avec une rame en bois. James accepte son sort, mais pas Alex. Avec son accent marqué, le fils Murdaugh plaide sa cause. Un avocat est né.

À l'adolescence, James Tuten commence à se méfier : il remarque que son copain d'enfance change de comportement en fonction du groupe avec lequel il traîne. Un jour, Alex passe chez lui, et ils jouent ensemble au base-ball. Le lendemain, Alex joue les durs pour amuser ses copains. « J'ai compris qu'il pouvait être manipulateur, juge Tuten. Il n'était pas sincère, il n'était pas vrai, il était conscient de son statut social. » Alex fait partie des gamins populaires. Il est grand et athlétique. Il joue au basket, au base-ball, au football. Comme son grand-père avant lui, il rejoint l'équipe des Red Devils, dont les maillots rouges sont un hommage aux Red Shirts des groupes paramilitaires suprémacistes qui ont essaimé pendant la Reconstruction, en soutien au général confédéré Wade Hampton. Son poste : *lineman*. Sur le terrain, il doit percuter les joueurs de l'équipe adverse pour les bloquer. « C'était un bel athlète », se souvient l'avocat Jim Moss. Sur la photo d'un *yearbook*, il porte fièrement le numéro 5, au côté d'une amie nommée Susie.

Alex Murdaugh aime les filles, l'alcool et l'attention. En 1986, il est élu Wittiest, Best All Around et Most Athletic – le plus amusant, le meilleur partout et le plus athlétique. En terminale, le voilà roi de la promo. C'est le roi de la fête, surtout. Après les matchs de foot, les frères Murdaugh aiment organiser de grandes soirées dans un champ à Almeda, à quelques kilomètres de Hampton. Ils allument un feu de camp, s'enfilent des litres de bière, disparaissent à tour de rôle sur les banquettes arrière des voitures.

Le chemin est tracé. Après Wade-Hampton, direction l'université de Caroline du Sud. Comme ses aïeux, Alex joue pour les Gamecocks. Il y rencontre de futurs avocats et amis, notamment un colocataire nommé Cory Fleming. Il intègre la fraternité Kappa Alpha, un club de rencontres pour gosses du Sud BCBG amateurs de testostérone et d'entre-soi. À vingt et un ans, il participe à la Old South, une soirée traditionnelle un peu spéciale au cours de laquelle les garçons sont invités à se déguiser en soldats sudistes et les filles en robes façon *Autant en emporte le vent*, et qui bientôt sera emportée par la modernité.

C'est aussi à l'université qu'il tombe amoureux de celle qui deviendra sa femme, Margaret Kennedy Branstetter. Tout le monde l'appelle Maggie ; elle fait partie de la promotion d'en dessous et de la sororité Kappa Delta. Née en 1968, un peu plus au nord, à Nashville, dans le Tennessee, Maggie fut une enfant bringuebalée au gré des affectations de son père. Ford, IBM, DuPont, Caroline du Nord, Pennsylvanie, Caroline du Sud. Au bout d'une longue errance, les Branstetter ont fini par s'établir à Summerville, une petite ville située à cent kilomètres à l'est de Hampton. Entre Maggie et Alex, il n'y a pas de place pour l'hésitation. Ils se marient en 1993 et savent déjà de quoi l'avenir sera fait. « Après un voyage de noces en Jamaïque, le couple s'installera à Columbia », célèbre un journal local. Quelques mois plus tôt, en février 1993, Alex Murdaugh est accusé d'avoir déclenché une bagarre dans un club de strip-tease de Hilton Head. Quand les choses dégénèrent, il demande aux policiers s'ils savent qui il est.

Une licence de science politique, une école de droit, un diplôme d'avocat. Alex Murdaugh n'est jamais le plus brillant de sa promo ? Pas grave, son nom fera le reste. Il trouve un premier emploi dans un cabinet de Beaufort. « Son père m'a téléphoné et m'a demandé si je pouvais le prendre pour qu'il voie à quoi ça ressemble avant de retourner à Hampton, raconte Jim Moss, qui y travaillait à l'époque. On l'a pris, et il a fait du super boulot. » Silence. « Je ne comprends pas ce qui s'est passé ensuite. »

En réalité, c'est assez simple : Murdaugh revient tout naturellement sur sa terre natale, où son destin l'appelle. En 1996, Alex et Maggie ont un premier enfant : Richard Alexander Junior, comme son père, surnommé Buster, comme le grand-père. Puis un deuxième, Paul.

Dans le respect de la tradition, Alex sert bénévolement auprès du procureur et accompagne son père dans certaines affaires. Comme le veut également le manuel familial, il envoie de l'argent au Parti démocrate, beaucoup d'argent, sous plusieurs noms – il est même l'un des plus gros donateurs de la région. Puis, une fois cochées toutes les cases, il rejoint le cabinet fondé par son arrière-grand-père, et embrasse l'aventure des dossiers de dommages corporels, des accidents du travail, des chutes accidentelles, des pneus défectueux. « Il était bon avec les gens, raconte l'avocat Ronnie Crosby. Il était très bon pour lire les gens, très bon pour comprendre les gens, très bon pour leur faire croire qu'il s'intéressait à eux et pour nouer une relation de confiance. »

Dans le Lowcountry, les Murdaugh dernière génération incarnent une certaine idée du bonheur moderne. Ils ont une femme de ménage, un jardinier et toute une flotte de pick-up, voiturettes de golf et véhicules pour faire le tour de leur propriété. Ils jouent au golf, organisent des barbecues, des soirées plus guindées, des parties de chasse aux cerfs, aux colombes ou aux cochons sauvages. Ils ont une autre maison au bord de la mer, à Edisto, à neuf cent vingt mille dollars. En un siècle, le train de vie des Murdaugh a changé. Loin de l'ascèse de ses aïeux, Alex dépense de plus en plus, et de manière de plus en plus clinquante – d'aucuns diront qu'il ne faisait que s'adapter à l'époque. Pour assister aux World Series de base-ball dans le Nebraska, il prend un petit avion privé avec ses vieux amis Cory Fleming et Chris Wilson. Il lui arrive de s'envoler pour le Guatemala pour une simple partie de pêche. À Noël 2016, il achète deux fusils .300 Blackout à ses fils pour neuf mille cent quatre-vingt-huit dollars. Quand celui de Paul disparaît, en 2017, il en rachète un autre. En 2018, c'est au tour de Maggie de se voir offrir un fusil, à huit cent soixante-quinze dollars. En 2021, il lui paie une Mercedes, à quatre-vingt-cinq mille dollars. Après les meurtres, les enquêteurs retrouveront dans une poubelle un reçu de mille dollars de Gucci. Les week-ends, les époux Murdaugh aiment embarquer à bord de leur bateau de cinq mètres de long pour pêcher et voguer sur la rivière. Alex Murdaugh est l'heureux copropriétaire de sept îlots dans le comté de Beaufort.

Pourtant, alors que les années 2020 approchent, quelque chose n'y est plus. Maggie est de moins en moins présente au domaine ; elle préfère la maison du bord de plage. Bientôt, les enfants s'en iront. Alex Murdaugh est soucieux. « Un petit accroc, se dit-il, et tout pourrait s'écrouler. »

9.

LE DERNIER DES MURDAUGH

Par une soirée d'hiver, au terme d'une sortie entre amis dans les marais de Beaufort, à quelques kilomètres de Hampton, Paul Murdaugh, plus jeune homme du clan, et son ami Connor commandent un dernier shot au comptoir d'un bar nommé Luther's. Dehors, Anthony et Mallory marchent au bord de l'eau en se regardant amoureusement. Miley et Morgan sont assises sur un banc-balançoire en attendant le retour de leurs copains respectifs. Les voilà. Paul titube, éclaire les autres avec une lampe de poche et fait de grands gestes incohérents. Quelques minutes plus tard, la bande emprunte un ponton et embarque à bord d'un petit bateau, qui glisse sur l'eau noire et glaciale. On est le 24 février 2019, il est une heure du matin.

Une erreur de jeunesse définit-elle un homme ? À seulement dix-neuf ans, Paul traîne déjà une mauvaise réputation dans les rues du comté de Hampton. Les habitants trouvent les garçons d'Alex et Maggie Murdaugh mal élevés, pourris gâtés, limite dangereux. Une femme dira qu'ils étaient des monstres, des petits démons, des terroristes. Ou, tout simplement, une nouvelle génération de Murdaugh poussée à l'incandescence, la cinquième. L'aîné, Buster, embrasse la voie familiale. Il veut devenir avocat, avoir de l'influence et jouir du même pouvoir que celui de ses aînés. Un diplôme de droit, une fraternité, des parents fiers. Pour lui, c'est une ligne droite. En ce qui concerne Paul, l'affaire est plus compliquée. Il n'est guère studieux, peine à aller au bout de ce qu'il entreprend et ne semble pas savoir quoi faire de sa vie. Dans une famille où personne ne s'est vraiment cherché, échouer n'est pas une option. Le jeune homme trouve du réconfort auprès de Gloria Satterfield, la femme de ménage, aimante et attentionnée.

De ses aînés, il a hérité le goût des armes à feu, des grands espaces, de la chasse, de la pêche, de l'alcool, de la fête, et de l'attention des autres. Ses amis viennent passer du bon temps sur son île aux plaisirs de gamin sudiste. Ensemble, ils descendent des bières, chassent le gibier et font la fête. Le jour où Paul perd son semi-automatique, son père le lui remplace. Chez les Murdaugh, tout est permis. L'alcool, notamment. Paul boit, beaucoup et cherche les limites. Il boit dans un tuyau-entonnoir, la tête sous une canette de bière percée, dans des verres de toutes les formes et de toutes les tailles. Il saute d'un bateau, escalade un poteau électrique, allume un feu... Les autres aiment bien le filmer au bord du coma éthylique. Ils l'appellent « Timmy », le nom de son double ivre et maléfique, une autre version de lui-même, débarrassée du poids de la réalité.

Au lycée, Paul a rencontré Morgan et ils sont tombés amoureux. Il sait se montrer tendre et attentionné avec cette fille d'un paysagiste et d'une infirmière carcérale, débarquant soudain dans un monde qui n'est pas le sien. Il lui offre des cadeaux pour la Saint-Valentin, l'invite à pêcher au Guatemala, à assister aux matchs de basket avec sa famille. Leur relation est pourtant compliquée. Ils s'aiment, se quittent, s'aiment à nouveau. Un problème ne cesse de ressurgir : quand Paul boit, il devient agressif. Les ennuis avec les forces de l'ordre se multiplient. Jamais rien de grave – de petites infractions de rien du tout. Un soir de 2017, tout de même, il perd le contrôle de sa voiture dans un virage. Il a trop bu, le véhicule s'est renversé, avec des armes plein le coffre. Au lieu de composer le 911, Paul appelle son grand-père, Randolph III, puis Alex, son père. Les deux débarquent, nettoient la voiture et emportent les fusils. Pas besoin d'en faire toute une histoire.

Après la mort de Gloria Satterfield, en février 2018, les choses ne s'arrangent pas. Paul conserve toujours une photo d'elle dans son portefeuille.

***

Durant la journée du 23 février 2019, avant de prendre le bateau, Paul s'est arrêté chez Parker, une station-service de Ridgeland, à cinquante kilomètres au sud de Hampton. Il y a acheté des Natural Light, des bières citronnées, des cigarettes et des chewing-gums. À la caisse, il a présenté la carte d'identité de son frère, Buster, et a payé avec la carte bancaire de sa mère, Maggie. Puis il est parti rejoindre ses amis. Tous se connaissent depuis l'enfance. Miley, Morgan et Mallory travaillent dans la même boutique de vêtements à Beaufort. Anthony et Connor sont cousins. Anthony sort avec Mallory, Paul avec Morgan, et Connor avec Miley. Dans l'après-midi, ils se retrouvent dans une maison au bord de la rivière, surnommée Murdaugh Island. Anthony et Mallory arrivent un peu plus tard. La bande boit les premières bières en attendant le coucher du soleil. Direction Paukie Island, où des amis organisent une *oyster roast*. Pour s'y rendre, les six copains prennent un petit bateau appartenant aux Murdaugh. Les filles sont assises sur la glacière et tendent les bières aux garçons. Ils accostent vers dix-neuf heures. Les adultes sont là, il y a même Randy Murdaugh, l'oncle de Paul. Tout le monde mange des huîtres en buvant de la bière. Quelques heures plus tard, les jeunes décident de rentrer. Il est minuit, ils ont bu et hésitent à commander un Uber. Mais non, Paul a pris le bateau, il ne va quand même pas le laisser là, et quand Paul ne veut pas faire quelque chose, inutile d'insister. La bande embarque à nouveau. Avant de retourner sur Murdaugh Island, ils ont une idée : pourquoi ne pas s'enfiler encore quelques shots dans un bar de Beaufort ? Dernier arrêt. Paul et Connor sont au comptoir et s'envoient deux *lemon drops* chacun. Les mains de Paul se raidissent. « Timmy est de retour », se dit Connor, alors que son ami devient agressif avec des gars installés à quelques tables, renversant des chaises au passage. La situation reste finalement sous contrôle, il est l'heure de partir. La lumière du bateau ne marche pas, les amis se relaient pour tenir une lampe torche. Le ton monte. Paul est ivre, Morgan le lui reproche. Parfois, il lâche le gouvernail, et l'embarcation trace des donuts dans l'eau. Assis à côté du tableau de bord, Connor prend les commandes, juste pour redresser la trajectoire. Paul bouscule Morgan. Anthony et Mallory ont peur. Miley est choquée. Ça suffit, ils veulent rentrer. À 2 h 20 environ, le bateau accélère et heurte un pilier dressé au niveau d'un pont.

***

Trois ans plus tard, alors que le procès d'Alex Murdaugh bat son plein, l'avocat Joe McCulloch occupe les interstices entre les plaidoiries en lisant un livre intitulé *The Last of The Bighams*, l'histoire vraie d'un massacre qui avait sidéré la Caroline du Sud au début des années 1920. Dans la préface, il a surligné cette phrase : « L'erreur fatale de la famille, semblait-il, résidait dans le sentiment de supériorité que les Bigham traînaient dans leur société, le sentiment inné qu'ils vivaient au-dessus du jugement des autres et qu'ils avaient le droit de posséder tout ce dont ils étaient assez malins pour s'emparer. » Les Bigham se sont effondrés dans les années 1920. Quant aux Murdaugh ? De sa voix de crooner, Joe McCulloch le dit comme une évidence : « Au moment où le bateau a percuté le pont. »

***

Le procès s'étire comme un jour sans fin. Un ballon espion chinois est abattu dans le ciel de Caroline du Sud, mais, pour le reste, c'est Murdaugh-Murdaugh-Murdaugh. Le soir de la Saint-Valentin, trois hommes en débattent à bâtons rompus après la fermeture de Coconut's. Cinq amies en discutent lors d'une réunion de leur club de vin, où l'on sert aussi de grands verres de vodka Gatorade. Dans sa maison plantée au bord du parcours de golf, entre une bibliothèque remplie de romans policiers et un arbre à chats, Terry McLeod regarde Court TV sur un iPad accroché à un tabouret grâce à un bras en plastique et se demande de quoi on parlera quand tout cela sera fini. Chaque matin, un convoi dépose Alex derrière le tribunal où des photographes l'attendent, las. En trébuchant sur le câble d'une équipe télé, John Monk s'est blessé à l'épaule, mais il tient bon. Un mariage a lieu dans l'espace médias du Wildlife Center, et les journalistes sont déplacés dans la salle des reptiles. Une alerte à la bombe (une vraie) interrompt le procès, et la salle est évacuée en urgence. Deux jurés attrapent le covid. Becky Hill attrape le covid. La famille Murdaugh doit se reculer d'un banc, sanctionnée pour avoir tenté de faire passer un livre de John Grisham à Alex. D'ailleurs, John Grisham est repéré dans la salle d'audience. Sauf qu'en fait non, ce n'est pas John Grisham, mais Bill Young, le maire de Walterboro. Une cagnotte GoFundMe est ouverte pour aider une femme qui témoigne contre Murdaugh. Les dons pleuvent sous des pseudos comme « Alex est coupable ». Pour ne pas perdre la boule, Scott Grooms regarde des vidéos de TGV traversant le sud de la France dans son bureau – ce qui veut peut-être dire qu'il a déjà perdu la boule. Le midi, tout ce petit monde se dirige vers les foodtrucks. Les restaurateurs arrivent à l'aube, ceux du Shorty's Smokin' Butts cuisinent quatre-vingt-dix kilos de viande et servent cent assiettes par jour. Pour Edgar, le chef de Castillo's, la pizzeria installée à un peu plus de trois cents mètres du palais de justice, l'affaire est en train de virer au cauchemar. Les gens du coin ne veulent pas être exposés au cirque, et les Yankees claquent leur argent dans les foodtrucks. Il dit perdre mille dollars par jour. Le soir, des trépieds traînent devant le tribunal avec personne derrière. Dans son pick-up Ford, Michael DeWitt écrit son article avant de prendre la route. La chaîne Court TV enregistre une émission chez Fat Jack's, un *steak house* situé en face du Walmart, pendant que les serveurs chantent « Joyeux anniversaire » à une table. Le jour de la sortie du documentaire Netflix, Christie, une employée du musée du comté de Colleton, organise une avant-première en soirée, à la maison, avec chili con carne et patates au four. Le journaliste Will Folks écrit son prénom sur un gobelet rouge en plastique. Les invités s'installent dans le salon. Des jouets pour enfants traînent par terre. À la barre, un témoin donne des détails très précis sur la chasse aux cochons sauvages. Alors qu'il se tient face à l'accusation avec un fusil entre les mains, Dick Harpootlian dit : « Tentant. » Parmi la foule de visiteurs qui viennent assister au procès d'Alex Murdaugh, certains habitants semblent venus vérifier des choses sur eux-mêmes et l'endroit où ils ont grandi. Amy Scheer a grandi à Hampton et dit qu'il lui a fallu en partir pour se rendre compte à quel point la corruption avait asséché sa ville et appauvri la communauté. « C'est bon de voir que les temps changent », dit-elle au milieu de la salle d'audience. Un vieil homme a fait le déplacement malgré sa maladie de Parkinson. Jamie Harrelson est le fils du sénateur James P. Harrelson, le meilleur ami du vieux Buster. Il a bien connu Randolph III, puis Alex après lui. « C'est un ami, dit-il. Qu'il soit condamné ou pas, cela ne changera rien à mon avis. » Il ajoute aussi ceci : quand son regard a croisé celui d'Alex Murdaugh, les deux hommes ont fondu en larmes, comme foudroyés par le poids du passé.

PARTIE 4

L'ART DU *BULLSHIT*

10.

MAUVAIS CALCULS

En avril 2019, Paul Murdaugh est mis en examen pour conduite en état d'ivresse ayant causé la mort de son amie Mallory Beach. Il encourt trente ans de prison mais n'est pas placé en détention provisoire. Pour le sauver, son père, Alex, paye une caution de cinquante mille dollars et, sans surprise, fait appel au redoutable Dick Harpootlian, qui connaît les juges mieux que personne. Tout commence donc comme d'habitude dans le Lowcountry, à un détail près : cette fois, une jeune femme innocente a perdu la vie, et le bruit court dans le comté que les Murdaugh ne pourront pas s'en sortir si facilement. Pas ce coup-ci. Le drame renverse la table. Les journaux braquent leurs projecteurs sur l'affaire. Leurs plus fins enquêteurs, Mandy Matney, Michael DeWitt et John Monk, se mettent au travail.

Dans la rue, sur les réseaux, Paul essuie des insultes. Maggie, mal à l'aise, ne quitte quasiment plus sa résidence secondaire d'Edisto. Quant à Alex, il doit gérer un certain Mark Tinsley, avocat de profession et amateur de gros dossiers de prétoires, qui a décidé de le poursuivre en tant que propriétaire du bateau. Il lui réclame dix millions de dollars.

Comme il l'a toujours fait et comme ses aînés l'ont toujours fait, Murdaugh tente d'amadouer son confrère. Lors d'une conférence pour avocats, il le prend à part et lui donne du « *Bo* », diminutif de « *Bro'* », « Frère », dans le Sud. « C'est quoi, ces histoires dont j'ai entendu parler, *bo* ? Je croyais qu'on était amis. » Tinsley ne cède pas : « Nous sommes amis. Mais si tu penses que je ne peux pas mettre le feu à ta maison et que je ne vais pas tout donner, tu te trompes. Tu dois régler cette affaire. » Alex Murdaugh baisse la garde : il n'a pas dix millions de dollars. Tinsley tique. Alex Murdaugh est un avocat à qui tout semble sourire ; il possède une propriété de six cent quatre-vingt-dix hectares, une maison au bord de la plage, il a des assurances : évidemment qu'il a dix millions de dollars. Le temps passe. Mark Tinsley revient à la charge mais se heurte à un mur. Impossible d'avoir le fin mot de l'histoire. Une audience est finalement annoncée, lors de laquelle les finances d'Alex Murdaugh doivent être exposées au grand jour. La date prévue est le 10 juin 2021.

L'échéance met les Murdaugh en panique. Maggie se confie à sa nouvelle femme de ménage : elle ne sait pas comment faire, ils n'ont pas cet argent et Alex ne lui dit pas tout. Au cabinet, l'assistante juridique Annette Griswold non plus ne reconnaît plus Alex. Il est agité, pire que d'habitude. Toujours difficile à joindre. De petites anomalies financières attirent son attention. Début 2021, elle constate qu'il manque sept cent quatre-vingt-douze mille dollars dans les comptes. Elle appelle alors le bureau de l'avocat Chris Wilson, l'un des meilleurs amis d'Alex Murdaugh. Les deux hommes travaillaient ensemble sur un dossier et c'est dans ce cadre que le cabinet PMPED aurait dû recevoir ces sept cent quatre-vingt-douze mille dollars. À l'autre bout du fil, on indique à Annette que cette somme a déjà été réglée à M. Murdaugh. Elle s'en étonne : l'argent doit être versé à la firme, pas directement aux avocats, c'est la procédure. Griswold demande à Murdaugh, il dit qu'il n'a pas reçu l'argent, il doit y avoir erreur. Elle insiste, lui aussi. Fin mai, elle en réfère à la directrice financière, Jeanne Seckinger. La *chief financial officer* connaît l'avocat depuis le lycée. Elle ne doute pas qu'il fournira une explication. Le 7 juin, elle l'intercepte dans les couloirs du cabinet. « Qu'est-ce que tu veux encore ? » lui lance-t-il, avec un regard inhabituel. Dans un bureau, il tente de la rassurer. Un coup de téléphone interrompt la conversation. Le père d'Alex Murdaugh vit ses derniers jours. Ils régleront cette affaire plus tard.

Quelques heures seulement après cette confrontation avortée et trois jours avant l'audience de l'accident de bateau, Maggie et Paul sont tués.

Après les meurtres, l'audience de l'accident de bateau est annulée. Mark Tinsley songe même à abandonner les poursuites. À quoi bon s'acharner sur un père de famille dont la femme et le fils viennent d'être massacrés ? Au-delà des sentiments, cela ne fait pas une bonne stratégie juridique : « Dans un dossier de plainte civile, vous devez motiver le jury pour qu'il aide l'un des protagonistes. Si vous prenez Attila le Hun contre une adorable grand-mère, qui a le meilleur résultat ? La grand-mère. » Les gentils obtiennent de meilleurs verdicts, c'est ainsi. Et difficile d'avoir l'air plus gentil que lorsque votre chair et votre sang viennent d'être assassinés. Au cabinet aussi, les collègues d'Alex Murdaugh mettent le frein sur les questions. Qui oserait questionner la probité de l'avocat dans un moment pareil ?

Mais la trêve n'a qu'un temps. Trois ans plus tard, l'équipe du cabinet passe à la barre. Ils ont quelque chose à annoncer : les sept cent quatre-vingt-douze mille dollars n'étaient que le bout de la pelote. La période de deuil passée, ils ont continué de creuser, expliquent-ils, et c'est ainsi qu'ils ont découvert la vérité sur Alex Murdaugh. La vérité ? Jeanne Seckinger se penche au micro : « Il ne doit pas son succès à son éthique de travail, mais à sa capacité à établir des relations et à manipuler les gens pour qu'ils l'aiment. » Cela porte un nom : « L'art du *bullshit*, en quelque sorte. »

***

Quelques mois après les meurtres, le 2 septembre 2021, tout s'éclaircit pour les membres du cabinet d'avocats PMPED. Ce jour-là, Annette Griswold range des dossiers quand un chèque se met à flotter dans les airs comme une plume. Le signataire s'appelle Alex Murdaugh, et le destinataire, Forge. Soudain, elle comprend : il lui a menti.

Afin d'assurer le meilleur à leurs clients, les cabinets d'avocats font appel à des sociétés de gestion d'actifs. Des gens très sérieux qui évaluent la situation financière des plaignants, pour structurer les meilleurs plans de règlement possibles, minimiser les taxes et maximiser les revenus sur le long terme. En l'occurrence, PMPED travaille avec une entreprise basée à Atlanta : Forge Consulting LLC. Tel est le tour joué par Alex Murdaugh : l'avocat a ouvert plusieurs comptes à la Bank of America au nom de… Forge. Pas Forge Consulting, juste Forge. Quand Annette Griswold pensait envoyer de l'argent à Forge Consulting, elle l'envoyait à Forge. Alex Murdaugh a volé de l'argent, beaucoup d'argent. Pendant combien de temps ?

Le tournant semble avoir eu lieu au milieu des années 2000. En 2005, la fameuse loi limitant le *forum shopping* met les Murdaugh en légère difficulté. Cela veut dire moins d'affaires à plaider, donc moins d'argent. Pour compenser, Alex Murdaugh se lance dans des opérations immobilières avec un dénommé Barrett Boulware, un personnage trouble dont le nom apparaît dans une sombre affaire de trafic de drogue en 1983, lors de laquelle on a saisi dix-sept tonnes de marijuana sur un crevettier au large des Bahamas. À cet homme, Alex rachètera plus tard le domaine de Moselle. La crise financière de 2008 frappe l'économie américaine au cœur, et l'immobilier s'effondre. Pour Alex Murdaugh, c'est une autre source de revenus qui s'envole. Comment la remplacer ?

Le 22 août 2009, une femme nommée Pamela Pinckney roule sur l'Insterstate 95 quand elle perd le contrôle de son véhicule. Elle s'en sort avec quelques fractures, sa cousine est blessée, mais pour son fils, Hakeem, la situation est plus grave : sa moelle épinière est touchée, il est tétraplégique. L'enquête démontre que l'accident s'est produit à cause d'un pneu défectueux. À l'hôpital, Alex Murdaugh frappe à la porte de la chambre de Pamela Pinckney : il est un avocat influent, spécialisé dans ce type de dossiers, et inspire confiance. Le jeune Hakeem a besoin d'un tuteur. Alex Murdaugh suggère le nom d'un banquier, son ami d'enfance Russell Laffitte. Pour défendre Pamela, il propose un autre de ses amis : Cory Fleming. Le 7 octobre 2011, Alex Murdaugh obtient un accord à l'amiable avec l'entreprise de pneus. L'argent arrive à la Palmetto State Bank, dont Russell Laffitte est le patron. Quatre jours plus tard, le jeune Hakeem meurt à l'hôpital, à seulement vingt et un ans. Son respirateur cardiaque a été débranché, sans raison. La famille Pinckney n'a jamais reçu l'argent qui devait lui revenir : un million de dollars, selon l'avocat Justin Bamberg.

Un peu plus tôt cette même année, quelque part dans le comté d'Allendale, non loin de Hampton, un camion UPS se déporte et percute la voiture du pauvre Arthur Badger. Sa femme, Donna, meurt dans l'accident. Alex Murdaugh mène la bataille contre l'entreprise postale. Les Badger sont censés recevoir 1,3 million de dollars mais n'en verront jamais la couleur.

En 2015, un dénommé Deon Martin est blessé dans un accident de voiture. Alex Murdaugh est accusé de lui avoir volé plus de trois cent mille dollars, en ayant versé sur le compte Forge l'argent récupéré après l'avoir défendu.

En 2016, c'est au tour d'un certain Manuel Santis-Cristiani. Victime d'un accident, il embauche Alex Murdaugh comme avocat. L'homme de loi porte plainte, décroche soixante-dix mille dollars. L'argent est supposé payer les traitements médicaux de Santis-Cristiani mais, en réalité, il file sur le compte Forge. Puis c'est Johnny Bush, blessé dans un accident de voiture. Les quatre-vingt-quinze mille dollars devant lui revenir finissent, eux aussi, sur le compte Forge.

Ensuite, tout s'enchaîne. Les dates, les noms et les montants changent, mais le schéma reste le même. Les quatre-vingt-dix mille dollars dus au pauvre Jamian Risher ? Forge. Les dix mille dollars de Randy Drawdy ? Forge. Les cent vingt-cinq mille dollars de frais médicaux de l'officier de police Thomas Moore, blessé dans un accident de la route ? Forge encore.

Au procès, c'est maintenant l'heure des tableurs. Le procureur passe en revue les victimes présumées d'Alex Murdaugh. À la barre, Jeanne Seckinger, toujours elle, convoque un souvenir de 2017 : par erreur, Alex Murdaugh avait perçu un chèque de cent vingt mille dollars destiné à son frère Randy. Après quoi il aurait prétendu avoir perdu le chèque en question, pour qu'on lui en signe un second. Il aurait ainsi encaissé deux fois un argent qui n'était pas le sien. En 2018, c'est Jordan Jinks, un ami de la famille, qui eut droit à un tour de passe-passe, en deux temps – quatre-vingt-cinq mille dollars d'abord, soixante-cinq mille un peu plus tard.

En 2018 survient la mort étrange de Gloria Satterfield, la femme de ménage au service des Murdaugh depuis plus de vingt ans. Après l'enterrement, au moment où il suggère aux enfants de la défunte de l'attaquer pour empocher le pactole de l'assurance, Alex

Murdaugh leur recommande un avocat de confiance : encore Cory Fleming. À l'automne, une assurance paie plein pot : cinq cent cinq mille dollars. Mais, au lieu d'en informer les enfants de Gloria, Fleming leur explique : ce dossier est épineux et, pour le bien de tout le monde, il serait plus sage de nommer quelqu'un qui maîtrise le sujet à la tête de la succession. Un banquier, par exemple. Au hasard, un type qui travaille à Hampton. Trois rues et cinq cents mètres séparent le cabinet PMPED de la Palmetto State Bank. Les deux institutions font des affaires dans un pas de deux. Cette fois, le dossier Satterfield n'atterrit pas dans les mains de Russell Laffitte mais dans celles de Chad Westendorf, le vice-président de l'établissement, pourtant pas expert en successions. Fin 2018, l'avocat Cory Fleming et le banquier Chad Westendorf prennent leur part d'honoraires sur les cinq cent cinq mille dollars. Le reste va sur le compte Forge d'Alex Murdaugh.

Le 12 avril 2021, Murdaugh appelle Tony Satterfield, le fils de son ancienne femme de ménage. Il ne promet pas de le couvrir d'or mais dit espérer leur obtenir cent mille dollars chacun, pour lui et son frère. Ce serait déjà beaucoup. En temps normal, c'est le genre d'arnaque qui passe comme une lettre à la poste. Mais l'accident de bateau a eu lieu entre-temps. À force d'enquêter sur Murdaugh, la journaliste Mandy Matney a découvert, elle aussi, l'arnaque à cinq cent cinq mille dollars. Mis au courant, Tony demande des explications à l'avocat. Alex lui assure qu'ils vont s'arranger. On est en juin, moins d'une semaine avant les meurtres de Maggie et de Paul.

***

Le 3 septembre 2021, vingt-quatre heures après que ses collègues ont mis au jour la faille Forge, Alex Murdaugh est contraint de démissionner. Il dit qu'il est désolé, il savait qu'il finirait par se faire prendre. Un siècle après sa création par le premier des Randolph, le cabinet est renommé Parker's Law Group. Le nom des Murdaugh disparaît comme s'il n'avait jamais existé.

Le lendemain, le 4 septembre, Chris Wilson rend visite à son ami Alex au domicile des parents de ce dernier. Les deux hommes se connaissent depuis le lycée, ils ont joué au base-ball ensemble et sont les meilleurs amis du monde. Du moins, c'était ce que pensait Chris Wilson. En vérité, Alex Murdaugh s'est servi de lui pour détourner les sept cent quatre-vingt-douze mille dollars dus à PMPED, le dépouillant au passage de près de deux cent mille dollars. Quand il a compris, Wilson a demandé à Murdaugh de lui signer une reconnaissance de dette de cent quatre-vingt-douze mille dollars. L'autre s'est exécuté. En ce jour de fin d'été, c'est une loque que Wilson a face à lui : l'avocat déchu fond en larmes et confesse être accro aux opioïdes. Il dit que c'est à cause de ça qu'il les a piégés, lui et tous les autres. Il dit qu'il est désolé. Chris Wilson s'en va. Quelques heures plus tard, Alex Murdaugh appelle Curtis Eddie Smith pour essayer d'orchestrer une tentative de suicide déguisée en meurtre.

2 février 2023. À la barre, le visage défait, Chris Wilson pleure en même temps qu'il décrit cette rencontre au bord du précipice : « Je le considérais comme mon meilleur ami, dit-il. Et je croyais qu'il pensait la même chose de moi. » Le procureur remue le couteau dans la plaie :

« Et que ressentez-vous maintenant ?

— Je ne sais plus ce que je ressens, monsieur Waters. »

C'est à présent au tour de Tony Satterfield de se présenter à la barre. Il porte un sweat-shirt sur une chemise à carreaux. Il a un physique malingre, des lunettes et le visage fin d'un gamin qui n'aurait jamais grandi.

Son avocat, Eric Bland, l'enlace comme on rassure un coéquipier qui a besoin d'un peu de courage pour tirer son penalty. Eric Bland est spécialisé dans les litiges entre confrères. En septembre 2021, Tony a fait appel à lui pour récupérer les cinq cent cinq mille dollars dus aux enfants Satterfield. En fouillant, Bland a découvert que les Satterfield n'ont pas seulement été lésés de cinq cent cinq mille dollars. Une assurance responsabilité civile complémentaire a versé 3,8 millions de dollars. Au total, Alex Murdaugh et ses complices leur en ont volé 4,3 millions.

« Lui avez-vous donné la permission de voler votre argent ? demande, faussement naïf, le procureur à Tony Satterfield.

— Non.

— Pourquoi avez-vous accepté le plan d'Alex Murdaugh quand il vous a proposé de le poursuivre lui-même ?

— Parce que je lui faisais confiance. »

Entre un foodtruck et une interview dans la petite cabine en bois de Court TV bâtie à la hâte, Eric Bland expose sa vision de l'affaire Gloria Satterfield. Six mois plus tôt, le 3 juin 2022, la police a annoncé qu'elle avait prévu d'exhumer le corps de l'ancienne femme de ménage, avec l'accord de la famille. Mais Bland ne pense pas que Murdaugh l'ait tuée. « Pourquoi ? Parce que, si vous devez tuer quelqu'un, vous ne prenez pas le risque qu'il monte dans une ambulance et se réveille. En revanche, je pense que sa mort a été exploitée pour qu'Alex Murdaugh puisse en tirer un bénéfice financier. »

Et Maggie et Paul ? Après mûre réflexion, le juge Clifton Newman décide d'intégrer les crimes financiers dans la procédure, car ils auraient pu constituer un mobile pour les meurtres. C'est aussi la thèse de l'accusation, pour laquelle l'explication de cette tragédie coule désormais de source : aux abois financièrement, cerné de toutes parts, Alex Murdaugh n'aurait pas supporté le déshonneur qu'il était sur le point de faire vivre à sa prestigieuse lignée et aurait choisi le chaos. Reste maintenant à le prouver.

11.

UNE DERNIÈRE BOMBE POUR LA ROUTE

Liste non exhaustive des éléments qui jouent contre Alex Murdaugh au bout de cinq semaines de procès :

- trois jours après les meurtres devait avoir lieu une audience sur l'accident de bateau qui aurait révélé une spirale de dettes, de vols et de mensonges ;
- le jour des meurtres, Alex Murdaugh a été confronté par la directrice financière du cabinet au sujet de sept cent quatre-vingt-douze mille dollars disparus ;
- Alex Murdaugh a demandé à Maggie de rentrer à Moselle pour la soirée ;
- quelques heures avant les meurtres, une vidéo Snapchat présente Alex Murdaugh en polo et pantalon kaki alors qu'il était en T-shirt blanc et short kaki quand les

policiers sont arrivés, ce qui signifie qu'il s'est changé ;

- Alex Murdaugh est connu pour être tout le temps sur son téléphone, mais, le jour des meurtres, son portable n'a enregistré aucune activité ni mouvement entre 20 h 09 et 21 h 02, plage horaire durant laquelle ont été commis les meurtres ;
- la vidéo au chenil situe Alex Murdaugh sur la scène des crimes quelques minutes seulement avant l'heure estimée de la mort de sa femme et de son fils ;
- et, s'il ne les a pas commis, comment savait-il qu'il fallait mentir sur ce point précis ?
- au moins l'une des armes serait un fusil appartenant à la famille ;
- quand les officiers de police sont arrivés, Alex Murdaugh était propre de la tête aux pieds alors qu'il leur a dit avoir pris le pouls de sa femme et de son fils, qui baignaient dans le sang ;
- trois mois après les meurtres, alors qu'il était de nouveau acculé, Alex Murdaugh a essayé de se faire passer, lui-même, pour la victime d'un meurtre – ou d'une tentative de meurtre, ce n'est pas clair.

Et, comme si cela ne suffisait pas, voici maintenant Shelley Smith. Elle était l'aide-soignante de Libby, la mère d'Alex. Après la mort de Randolph III, survenue à l'hôpital le 10 juin – la veille des funérailles de Maggie et de Paul –, elle explique à la cour qu'elle a eu une conversation étrange avec Alex. Le soir des meurtres, il est venu rendre visite à sa mère, Libby, et c'était rare de le voir débarquer à cette heure-ci. D'après elle, il est resté vingt minutes tout au plus. Alex, lui, affirme qu'il est resté trente ou quarante minutes. La soignante sait bien que c'est faux. Essaie-t-il alors de la convaincre ? Si elle a besoin de quoi que ce soit, lui assure-t-il, il se fera un plaisir de lui donner un coup de main, voire de l'aider à trouver un meilleur poste à l'école. Après tout, il connaît bien le principal.

Comme tant d'autres témoins dans cette histoire, la femme pleure à la barre au moment de raconter tout cela. Son esprit semble tiraillé entre sa loyauté et la vérité.

« Est-ce qu'il est resté entre trente et quarante minutes ? lui demande l'avocat John Meadors.

— Pas dans mon souvenir. »

Un silence. Des pleurs.

« Pourquoi pleurez-vous ?

— Parce que c'est une bonne famille, j'adorais travailler là-bas, je suis désolée que tout cela soit arrivé, ce sont des gens bien.

— Mais il n'est pas resté trente ou quarante minutes ?

— Non. »

Ce n'est pas tout. Un matin, quelques jours seulement après les meurtres, Alex Murdaugh a de nouveau débarqué chez ses parents. À 6 h 30 du matin, une heure tout à fait inhabituelle. Dans ses bras, il portait une mystérieuse bâche bleue et l'a montée à l'étage. En octobre 2021, les enquêteurs découvriront, à cet endroit, un grand manteau bleu couvert de résidus de tirs.

Une autre conversation surprenante remonte également à la surface. En août 2021, deux mois après les meurtres, Alex, inquiet, est allé parler à Blanca, sa nouvelle femme de ménage. Il avait l'air préoccupé : les policiers lui ont montré une vidéo Snapchat filmée quelques heures seulement avant les meurtres et sur laquelle il apparaît en chemise, lui dit-il. Une chemise de la marque Vineyard, précise-t-il. C'est important. Mais non, c'était un polo. Blanca le sait bien, parce que, ce matin-là, elle a remis son col en place.

Quoi d'autre ? De l'eau coulait au tuyau d'arrosage du chenil après les meurtres, et le jardinier dit que le conduit n'était pas disposé comme il l'avait laissé en partant. Il sait de quoi il parle, c'est son métier. Et aussi :

des résidus de tirs ont été retrouvés sur les vêtements d'Alex Murdaugh et sur la ceinture de sécurité de son Chevrolet Suburban.

Une dernière bombe pour la route. De nouvelles données GPS viennent d'être transmises par General Motors. L'agent spécial Peter Rudofski est donc désormais en mesure de dérouler une *timeline* complète de la soirée du 7 juin 2021. La voici.

Vingt et une heures, drôle d'horaire pour se mettre en mouvement. De 21 h 02 à 21 h 06, le nombre de pas d'Alex Murdaugh augmente sensiblement : deux cent quatre-vingt-trois pas en l'espace de quatre minutes, soit plus d'un pas par seconde, juste après l'heure estimée des meurtres. Il bouge et à partir de là, il va de plus en plus vite. À 21 h 07, Alex Murdaugh prend la route pour rendre visite à sa mère à Almeda. Après avoir passé l'endroit où le téléphone de Maggie sera retrouvé le lendemain, la voiture d'Alex Murdaugh accélère. Pendant qu'il envoie des textos et passe des coups de fil, elle atteint même cent dix kilomètres-heure – même de jour, c'est rapide. À 21 h 22, arrivée à Almeda. Détail intéressant : quelques secondes après avoir emprunté l'allée, la voiture a avancé sur l'herbe, non loin des bois, et son conducteur l'a garée derrière la maison. Alex Murdaugh aurait-il profité de cet écart pour cacher les armes avant de revenir ensuite s'en débarrasser pour de bon ? À 21 h 43, soit vingt minutes après son arrivée – et non quarante minutes comme il a cherché à le faire croire –, direction Moselle. Sur le retour, la voiture va encore plus vite et atteint même cent trente kilomètres-heure à 21 h 51, en pleine nuit noire, sur une route de campagne.

« Rouleriez-vous, ou avez-vous déjà roulé, à la vitesse de cent trente kilomètres-heure avec les gyrophares allumés ? demande le procureur Creighton Waters à l'agent spécial Peter Rudofski.

— Non.

— Expliquez pourquoi au jury.

— À cause de l'heure, de la densité d'animaux à cette heure-là – les cerfs traversent sans arrêt –, et de la route, qui est pleine de nids-de-poule. »

À vingt-deux heures, Alex Murdaugh arrive à Moselle. Cinq minutes plus tard, il quitte la maison et prend la direction du chenil. Entre le moment où la voiture s'est garée et celui où Alex Murdaugh a composé le 911 : vingt secondes, à peine. Dix-neuf secondes pour découvrir le massacre, s'approcher des corps de Maggie et de Paul, comprendre l'horreur qui vient de s'abattre et appeler les secours. C'est peu.

Pour finir, l'accusation présente en parallèle des photos de la famille heureuse, les derniers textos envoyés. Quelques semaines auparavant, le 6 mai 2021, Paul laissait à son père ce message que personne n'aurait eu envie d'envoyer : « Je suis toujours à EB [Edisto Beach] parce qu'il faudra qu'on parle quand tu seras là. Maman a trouvé des paquets de cachets dans le sac de ton ordinateur. » Le lendemain, Alex envoyait un message à Maggie : « Je suis vraiment désolé de vous faire ça. Je vous aime. » Mère et fils n'avaient plus qu'un mois à vivre.

***

Le jeune Buster Murdaugh, vingt-six ans, vient à son tour à la barre. Il a le teint rose de son père et des cheveux roux coiffés dans une vague figée. D'un ton froid et sans émotion, il raconte. À 21 h 10, le soir des meurtres, son père l'a appelé une minute et tout avait l'air normal. Un peu plus tard, nouvel appel. « Il m'a demandé si j'étais bien assis, puis il m'a dit que ma mère et mon frère s'étaient fait tirer dessus. » C'est tout. Y avait-il de la violence au sein de la famille ? Non. Pour l'addiction de son père, il savait. Enfin, sans plus, mais un peu. Quand la justice présente la vidéo de l'anniversaire d'Alex Murdaugh, filmée quelques jours avant les meurtres, Jim Griffin se heurte à la même façade indifférente et désabusée.

« Quelle est la date d'anniversaire de votre père ?

— Euh…

— Ce n'est pas un test, vous pouvez dire que vous ne savez pas.

— Non, je ne connais pas la date exacte. Le 27, peut-être. »

Un regard vers Alex. Buster a la bouche entrouverte, l'air hagard, un peu groggy. Longtemps, il a voulu être un bon Murdaugh. Il a coché toutes les cases, même celles du mensonge. Aujourd'hui, il est sonné, comme si ce cauchemar durait depuis bien trop longtemps.

12.

LE JOUR D'ALEX

Le matin du vingt-troisième jour, coup de tonnerre dans le sud du Sud : Alex Murdaugh s'apprête à témoigner. Ses avocats n'ont pas l'air emballés. Le juge lui demande de se lever. Le voilà debout et plus haut que tout le monde.

« Monsieur Murdaugh ?

— Oui, monsieur, bonjour. »

Clifton Newman lui explique le cinquième amendement de la Constitution, qui l'autorise à refuser de témoigner contre lui-même : rien ne l'oblige à parler et c'est une décision qui lui revient en dernier lieu.

« Avez-vous des questions ?

— Non, monsieur, merci.

— Avez-vous pris votre décision ?

— Oui, monsieur.

— Et quelle est-elle ?

— Je vais témoigner, je veux témoigner. »

Il a bien écouté, et maintenant, c'est à son tour de parler :

« Attention à la marche », insinue Becky.

Sept décennies plus tôt, le grand-père de Becky figurait parmi les mis en examen dans la conspiration du whisky du comté de Colleton, à laquelle était mêlé le vieux Buster Murdaugh. En ce 23 février 2023, la greffière plonge ses yeux dans ceux de l'accusé et lui fait jurer de dire la vérité, toute la vérité et rien que la vérité. Il s'installe, ajuste le micro, épelle son nom avec un léger sourire, comme si personne n'était au courant : « M-U-R-D-A-U-G-H. » D'un signe de tête, il salue les jurés un par un et leur offre son visage d'homme ordinaire, tel un miroir. « Bonjour », dit-il d'une voix tout à fait aimable.

Son avocat fait mine de l'attaquer :

« Alex, avez-vous pris ce fusil, ou n'importe quel fusil, pour exploser la cervelle de votre fils ?

— Non. »

L'avocat demande s'il a tiré dans le torse de Paul et sur Maggie avec un fusil automatique. Pour chaque question, Alex Murdaugh livre une réponse identique et ferme : « Non. » Cela ressemble à une pièce mal répétée. Assis de biais, presque tourné vers les jurés, il les regarde droit dans les yeux. Il le sait : tout ce dont il a besoin, c'est de semer le doute dans la tête de l'un d'eux, n'importe lequel, n'importe quand. Alors il le répète : « Je n'ai pas tiré sur ma femme ni sur mon fils. À aucun moment, jamais. » En revanche, il est venu confesser une chose : le soir des meurtres, il était bien présent dans le chenil avec Maggie et Paul. Pour la première fois depuis le 7 juin 2021, Alex Murdaugh l'avoue : il a menti.

Voici les faits tels qu'il les raconte désormais : le vendredi 4, trois jours avant les meurtres, Alex Murdaugh a passé la nuit à veiller son père à l'hôpital. Il a dormi dans le fauteuil. Le lendemain, le samedi 5, Alex, Maggie et Buster se sont retrouvés à Columbia pour assister à un tournoi de base-ball régional. Le dimanche 6, Alex et Maggie sont allés voir un autre match avant de rentrer à Moselle ; ils ont rendu visite aux parents malades d'Alex et leur ont même apporté une boîte de donuts Krispy Kreme. Le 7, ils se sont réveillés à Moselle. Concernant la suite, il entend persuader tout le monde de ceci : c'était un lundi ordinaire, mis à part les meurtres.

Le matin du 7 juin 2021, Maggie a quitté Moselle ; elle avait rendez-vous chez le médecin à Charleston et est ensuite allée dans sa maison secondaire d'Edisto. Oui, au travail, Jeanne Seckinger a bien confronté Alex Murdaugh sur l'argent manquant, mais rien d'alarmant, assure-t-il.

« Pensiez-vous que votre château de cartes était sur le point de s'écrouler ? l'interrompt Jim Griffin.

— Le 7 juin ? Absolument pas. »

Et l'audience au sujet de l'accident de bateau, prévue le 10 juin 2021, qui devait prétendument révéler sa situation financière ?

« J'ai été avocat toute ma vie. Je fais exactement la même chose que Mark Tinsley. Après vingt-sept ans de pratique, je sais que les plaignants essaient toujours d'obtenir des documents de la part des accusés. Je n'ai jamais vu un juge ordonner plus qu'une déclaration d'avoir net. »

De retour du cabinet en fin de journée, il a rejoint Paw-Paw.

« Qui est Paw-Paw ? s'étonne Jim Griffin.

— Paul, mon fils Paw-Paw, Paul Murdaugh, répond-il, surpris par la question. Je l'appelais Paw-Paw, Maggie l'appelait Paw-Paw, Buster l'appelait Paw-Paw, beaucoup de gens l'appelaient Paw-Paw. »

C'est pourtant la première fois au cours de ce procès que l'on entend ce surnom. Alex Murdaugh donne de nombreux détails.

Sur les différentes parcelles de la propriété. Sur le caractère des labradors. Sur tout un tas de choses qui ont très peu à voir avec les meurtres, mais dont il est fier de parler. Dans un pick-up noir, Alex et Paul ont donc fait le tour de Moselle. Ils se sont occupés des tournesols. Les larmes montent.

« Vous passiez un bon moment ?

— Vous ne pouviez pas être avec Paul sans passer un bon moment. »

Quand Maggie est arrivée, Alex est revenu à la maison. Il était en sueur. Il est donc allé prendre une douche, puis il a enfilé un T-shirt blanc et un short kaki. Après le dîner, Maggie a voulu se rendre au chenil et lui a demandé de l'accompagner. Il venait de se laver, il n'avait guère envie de se retrouver en pleine chaleur au milieu des chiens. Et puis, en fait, si. « Comme souvent, quand Maggie me demandait de faire quelque chose que je ne voulais pas faire, j'ai changé d'avis et je me suis résolu à y aller. » Il s'est assis dans une voiturette de golf et a roulé jusqu'au chenil. Les labradors couraient après des pintades ; Bubba a attrapé un poulet, Alex a alors mis un pouce dans sa gueule pour libérer la proie en desserrant la mâchoire du chien. Et ensuite ? « J'ai filé. Je suis allé directement à la maison, où il y a l'air conditionné. » Voilà tout.

Après, il s'est assoupi dans le canapé, ou peut-être pas, d'ailleurs, il ne sait plus bien. Ce dont il se souvient, en revanche, c'est qu'il s'est décidé à rendre visite à sa mère, malade d'Alzheimer. Avant de partir, il a essayé d'appeler Maggie, lui a envoyé des messages. Il n'a pas reçu de réponse. « Ça ne m'a pas inquiété », précise-t-il : un, Maggie était avec Paul ; deux, le réseau est mauvais à Moselle. Il a donc pris la route, sans faire de détour par le chenil. Il s'est garé derrière la maison de ses parents, comme toujours, car la chambre de sa mère se trouve de ce côté-là. Il a frappé à la porte, mais l'aide-soignante Shelley Smith n'a pas entendu, alors il a appelé pour qu'elle le fasse entrer. « Ma mère était réveillée, je lui ai tenu la main, dit-il. Elle n'était pas en forme à ce moment-là. » C'était triste de la voir ainsi, et c'est sans doute pourquoi Maggie ne l'a pas accompagné. La minute d'arrêt aux abords de la maison de ses parents ? « Je récupérais mon téléphone, il était tombé entre l'accoudoir et le siège.

— Étiez-vous en train de cacher les armes des crimes, Alex ?

— Non.

— Étiez-vous en train de cacher des vêtements ensanglantés ?

— Non. »

Vingt minutes après son arrivée – il n'est plus question de trente à quarante minutes –, il est retourné à Moselle. Il s'est dirigé vers la maison. Les lumières étaient allumées, la télé aussi, mais Maggie et Paul n'étaient pas là. « Je n'étais pas surpris, précise-t-il. Mais je pensais qu'ils seraient rentrés. » Quelques minutes ont passé, puis il a décidé d'aller voir du côté du chenil.

« Qu'avez-vous vu ?

— J'ai vu ce que vous avez vu sur les photos. »

Un filet de morve coule de son nez. Sa voix se brise. Un silence épais, puis il dit :

« *So bad.* »

Les corps, la panique, l'horreur… Tout est allé si vite. En vingt petites secondes, il a bondi hors de sa voiture, compris et composé le 911. Il a pris le pouls de Maggie et de Paul pendant qu'il était au téléphone, dit-il. Quand l'avocat lui demande pourquoi il a voulu retourner le corps de son fils, il répond, dans un murmure : « Je ne sais pas, je ne sais pas. Je ne sais pas pourquoi j'ai essayé de le retourner. Il était allongé, le visage contre le sol, je voyais son cerveau par terre. Je ne savais pas quoi faire. » Les larmes montent encore.

Si l'histoire est telle qu'il la raconte, pourquoi avoir menti sur sa présence dans le chenil ? À trois reprises : le soir des meurtres dans la voiture de l'agent Owen ; lors de l'interrogatoire trois jours plus tard, et encore une autre fois ; et deux mois après le double assassinat. Pour comprendre, oppose Alex, il faut connaître ce démon qui le poursuit depuis trop longtemps : l'oxycodone. Son addiction a commencé au début des années 2000, après une opération du genou liée à une vieille blessure sur un terrain de football. Le temps a passé et sa consommation de cachets a augmenté. Toujours plus. En décembre 2017, il est entré en cure de désintoxication pour la première fois. Par la suite, il est retourné en *rehab*, une fois, deux fois... Il a toujours replongé. « Le sevrage aux opiacés est, *wow*... C'est difficile, résume-t-il face au jury d'un ton pédagogue. D'abord, vous êtes malade. Vous vomissez. Vous avez des diarrhées terribles. Vous transpirez comme si vous veniez de courir un marathon. » À cause de la drogue, le soir du 7 juin 2021, il s'est retrouvé incapable de raisonner de manière sensée. Les questions de l'agent Owen sur sa relation avec Maggie et Paul l'ont tétanisé. Des pensées paranoïaques sont apparues. Alors il a menti, et il le regrette aujourd'hui. « Une fois que j'avais menti, je devais continuer à mentir », explique-t-il. Au moment où il s'exprime, Alex Murdaugh est sobre depuis cinq cent trente-cinq jours. « Et j'en suis très fier. »

« Aimiez-vous Paul ?

— Si je l'aimais ? Comme personne d'autre. Lui et Buster.

— Aimiez-vous Maggie ?

— Plus que tout. J'ai aimé Maggie dès notre premier rendez-vous.

— Avez-vous tué Maggie ?

— Je n'aurais jamais fait de mal à Maggie. Et je n'aurais jamais fait de mal à Paul. Jamais. Quelles que fussent les circonstances. »

Il est bientôt seize heures, Murdaugh fixe le procureur Creighton, qui le fixe à son tour.

« Monsieur Murdaugh, commençons par les choses sur lesquelles nous sommes d'accord. »

Un peu d'histoire familiale. Randolph Murdaugh Senior, le vieux Buster, Randolph III.

« Une chaîne ininterrompue de procureurs, correct ?

— Correct. »

L'accusé a connu son grand-père, qui a servi comme procureur pendant quarante-six ans ; il l'aimait.

« Il était votre idole, n'est-ce pas ?

— Oui. »

Le procureur prend son temps, s'appuie sur le pupitre et résume, avec un certain plaisir :

« Vous avez débuté chez Moss & Kuhn, puis vous êtes allé dans le cabinet qui a ouvert en 1910 et qui n'existe plus à cause de vos activités, correct ?

— Correct. »

Un rappel, avertit maintenant Creighton Waters : l'accusé est un ancien avocat spécialiste des dossiers de dommages corporels. Cela signifie deux choses : la première, c'est qu'il a fait carrière en épluchant les données des véhicules et des téléphones portables de ses clients, c'est son domaine d'expertise ; la seconde, c'est qu'il est maître dans l'art de la persuasion, de lire les autres et de moduler son discours pour parvenir à ses fins.

« Avez-vous déjà appelé votre fils Paw-Paw dans le cadre de cette enquête ?

— Je ne sais pas. »

« Ne pas être dupe », pointe le procureur. Les jurés sont attentifs.

***

Deuxième jour de témoignage. Creighton Waters a un nouveau mensonge à dénoncer. Hier, Alex Murdaugh a dit sous serment, et devant la cour, que la veille des meurtres, il était en famille au tournoi de base-ball. Le procureur présente des échanges de textos avec Maggie. Durant la matinée, Alex Murdaugh est resté dans sa chambre d'hôtel jusqu'à tard. Il souffrait du manque d'oxycodone. Dans son témoignage, il a omis d'en parler.

Après ce tour de chauffe, le procureur aimerait maintenant entrer dans le détail de ce qu'il appelle « la nouvelle histoire » de l'accusé. Selon ce récit, Alex a donc pris la voiturette de golf pour aller retrouver Maggie et Paul. Bubba avait un poulet dans la gueule. Sur la vidéo réalisée à 20 h 44, Paul filme Cash dans sa cage. En parlant de Bubba, Maggie dit : « Il a un poulet dans la gueule. » Alex appelle : « Bubba, viens là ! » Et ensuite ? « J'ai dû prendre le poulet de la gueule de Bubba dix ou quinze secondes après que Maggie l'a dit. » Il a ensuite marché quelques mètres pour poser le poulet. Au total, il dit être resté deux minutes environ.

« Il est 20 h 46, resitue le procureur. Et après ?

— Je suis parti.

— Hier, vous avez dit que vous aviez "filé". Pourquoi être parti si vite, monsieur Murdaugh ?

— Parce que c'était le chaos. Il faisait chaud. J'étais en train de faire exactement ce que je ne voulais pas faire.

— Vous étiez en train de faire ce que vous ne vouliez pas faire ?

— Correct, j'allais transpirer.

— Avez-vous dit au revoir dans votre nouvelle version de l'histoire ?

— Si j'ai dit au revoir ? »

Sans doute a-t-il dit quelque chose du genre, mais impossible de se souvenir des mots exacts. Il ne se rappelle pas les derniers mots qu'il a dits à sa femme et à son fils, et cela n'a pas l'air de le hanter. « Vous avez une mémoire plutôt photographique de cette nouvelle histoire ; que s'est-il passé ? » Résumons : il a pris la voiturette de golf, a roulé jusqu'au chenil, a retiré le poulet de la gueule de Bubba, puis a disparu à toute vitesse parce qu'il avait trop chaud. « Ça ressemble à la vie réelle ? » demande Creighton Waters. Murdaugh botte en touche.

Selon « la nouvelle histoire », continue le procureur, Alex Murdaugh était de retour à la maison à 20 h 49. L'heure à laquelle les téléphones de Maggie et de Paul se sont verrouillés pour toujours. Il se serait ensuite allongé dans le canapé pour « la sieste la plus courte de l'histoire du Sud ». Après une heure environ d'inactivité, son téléphone s'est activé à 21 h 02. Entre 21 h 02 et 21 h 06, il a enregistré des centaines de pas, plus qu'à tout autre moment de la journée.

« Que faisiez-vous ?

— Je me préparais à rendre visite à ma mère.

— Vous vous prépariez ? Je croyais que vous aviez déjà pris une douche. Que deviez-vous faire pour être prêt ?

— Je ne peux pas vous dire exactement ce que je faisais.

— Vous faisiez du tapis de course ? Vous faisiez des *jumping jacks* ? »

Il ne sait pas ce qu'il faisait, mais il sait ce qu'il ne faisait pas : « Me laver. Nettoyer les armes. Nettoyer un manteau. »

« La véritable raison de ces pas, monsieur Murdaugh, c'est que vous étiez debout à 21 h 02, téléphone en main, en train de vous déplacer puis de passer des coups de fil pour vous fabriquer un alibi ; ce n'est pas vrai ?

— C'est absolument faux. »

S'il n'a rien à voir avec les meurtres, qui est impliqué ? Alex Murdaugh l'a soutenu depuis le début : pour lui, l'horreur a frappé à cause de l'accident de bateau. « Je n'ai jamais, jamais, jamais pensé que les gamins qui étaient sur le bateau, ou leurs parents, ou leurs familles… avaient quoi que ce soit à voir avec Maggie et Paul », dit-il pourtant aujourd'hui. Difficile à suivre. « Ce que vous êtes en train de dire à ce jury, essaie de traduire le procureur, c'est qu'il s'agit de tueurs aléatoires, qui savaient que Maggie et Paul seraient à Moselle le 7 juin, qui savaient qu'ils seraient seuls dans le chenil le 7 juin, qui savaient que vous ne seriez pas là mais seulement entre 20 h 49 et 21 h 02, qu'ils seraient arrivés sans armes, partant du principe qu'ils trouveraient des fusils et des munitions sur place, qu'ils auraient commis les crimes dans ce court laps de temps et qu'ils auraient ensuite pris la même direction que vous, celle d'Almeda. C'est ce que vous dites à ce jury ?

— Vous avez beaucoup de facteurs là-dedans, monsieur Waters, je ne suis pas d'accord avec tout. »

S'il n'a rien à voir avec les meurtres, comment pouvait-il savoir qu'il lui fallait mentir sur cet aspect précis de l'affaire ? Et quand a-t-il décidé de mentir sur sa présence au chenil, au juste ? Ça a commencé le soir des meurtres. Les agents de la SLED ont pris ses empreintes. Pendant le premier entretien dans la voiture de l'agent David Owen, les questions sur sa relation avec Maggie et Paul lui ont fait peur. La paranoïa l'a cueilli. Il l'a dit hier, il le redit aujourd'hui.

Le front plissé, l'accusé suit les mouvements du procureur, qui se déplace de gauche à droite.

« Quand les responsabilités frappent à votre porte, de mauvaises choses se produisent, pas vrai ?

— Qu'entendez-vous par "mauvaises choses" ?

— Le 7 juin est arrivé. Le 4 septembre est arrivé.

— Je ne pense pas que le 7 juin soit arrivé parce que les responsabilités frappaient à ma porte.

— Pour la première fois de votre vie de privilèges, d'influence et de richesse, alors que vous faisiez face à vos responsabilités, soudainement, vous êtes devenu une victime et tout le monde a couru à votre secours. Ce n'est pas vrai ?

— Je ne suis pas d'accord.

— Pour vous, la honte est une extraordinaire provocation, n'est-ce pas, monsieur Murdaugh ? »

Un silence dans la salle d'audience, puis le procureur pose une question sur une certaine catégorie de criminels.

« Monsieur Murdaugh, êtes-vous un annihilateur de famille ?

— Vous voulez dire : est-ce que j'ai tué ma femme et mon fils ? Non. »

D'ailleurs, il ne leur aurait jamais fait le moindre mal. Durant plusieurs minutes, le procureur demande s'il a menti à Maggie, à Paul, à son père, Randolph III, à ses frères, Randy et John Marvin, à son meilleur ami, Chris Wilson, à ses associés du cabinet, Jeanne Seckinger, Annette Griswold, à ses clients, Pamela Pinckney, Hakeem Pinckney, Manuel Santis Cristiani, Arthur Badger, Deon Martin. Il a menti aux policiers au sujet du bord de la route, aussi.

« Vous savez pourquoi les gens mentent, monsieur Murdaugh ? Parce qu'ils savent qu'ils ont fait quelque chose de mal. »

Il ment comme il respire depuis plus de dix ans. Et maintenant, il faudrait croire sa nouvelle histoire ? Une dernière chose. Le procureur se dirige vers l'ordinateur. La vidéo filmée par la *body cam* du sergent Daniel Greene apparaît de nouveau. Lecture.

« Ils sont morts, c'est ça ?

— Oui, monsieur, ils en ont l'air.

— Quand les avez-vous vus pour la dernière fois ? Ou quand leur avez-vous parlé pour la dernière fois ?

— Euh… Plus tôt dans la soirée. Je ne me souviens pas de l'heure exacte, je suis parti

chez ma mère pendant peut-être une heure et demie et je les ai vus quarante-cinq minutes avant cela. »

Pause.

Flagrant délit de mensonge. Ça ne colle pas. Alex Murdaugh était dans le chenil et les a donc vus environ quinze minutes avant de partir. Les agents de la SLED n'étaient pas encore arrivés, personne n'avait encore relevé ses empreintes, il n'avait pas encore fait sa crise de paranoïa. Mais il mentait déjà.

« Toutes ces explications que vous venez de donner au jury sur la partie la plus importante de votre témoignage, c'était un mensonge, encore une fois. N'est-ce pas, monsieur Murdaugh ?

— Je ne suis pas d'accord.

— Rien à ajouter. »

Trois choses que la salle sait désormais au sujet d'Alex Murdaugh :

- C'est un voleur. Il a volé tous ceux qui ont le malheur de graviter autour de lui, les plus malheureux, les Blancs et les Noirs, les valides et les handicapés, les forts et les faibles, les parfaits inconnus et les proches les plus intimes.
- C'est un menteur. Il a menti à tout un tas de gens, en particulier à propos de l'élément-clé de l'affaire : il a dit qu'il

n'était pas au chenil avec Maggie et Paul alors qu'une vidéo l'y situe quelques minutes avant les meurtres.

- C'est un homme qui chute. Le dernier rejeton d'une famille puissante, un addict aux opioïdes qui s'est enfermé dans une spirale de vols et de mensonges qui étaient sur le point d'être dévoilés aux yeux de tous.

De la poussière de pollen recouvre les véhicules garés dans les rues de Hampton, et Alex Murdaugh vient de s'enterrer vivant.

PARTIE 5

APRÈS L'ORAGE

13.

JOUR DE VERDICT

Vingt mois ont passé depuis les meurtres et un convoi se dirige vers Moselle. Trois vans emmènent le jury sur les lieux des crimes. Les voitures s'enfoncent vers ce bout du monde vert et gris. Le juge Newman roule avec le capitaine Jason Chapman, l'un des premiers arrivés sur place le 7 juin 2021. À 10 h 07 arrive la Mercedes noire de Dick Harpootlian. Une poignée de journalistes et de photographes ont fait le déplacement, dressé des trépieds et monté un escabeau. Un photographe du *New York Post* porte un chapeau beige. Les jeunes reporters locaux Ted et Thad prennent des notes. Seule la journaliste Valerie Bauerlein, du *Wall Street Journal*, est autorisée à se rendre sur les lieux après le jury ; elle a été tirée au sort. Assise à l'arrière d'un pick-up, elle tape ce qu'elle a vu pour tous ses confrères.

Le ciel est couvert, des oiseaux chantent dans les arbres, une carcasse se décompose sur le bord de la route, et le vent lève son odeur de mort. Au niveau du muret de briques, un panneau « *No Trespassing* » interdit l'accès au domaine hanté. Des curieux viennent parfois prendre des photos. Des drones ont survolé la zone pour des documentaires et des vues sur YouTube. L'herbe a poussé, les buissons sont mal taillés. Un ballon de football dégonflé traîne sur le sol. Dans le chenil, il n'y a plus de chiens. Un impact de balle traverse encore une fenêtre. Les visiteurs peuvent sans peine imaginer la scène. Pendant près de six semaines, ils ont entendu plus de soixante-dix témoins. Des amis, des policiers, des experts, des spécialistes, parmi lesquels la médecin légiste Ellen Riemer et l'expert en scènes de crime Kenneth Kinsey. Qui ont tout reconstitué en détail.

Le 7 juin 2021, quand le premier coup de feu a retenti, Paul Murdaugh se trouvait juste là, à l'intérieur de la salle d'approvisionnement de trois mètres de long et deux mètres de large. Il ne s'est pas défendu, indiquent ses blessures. Déduction de l'accusation : il connaissait son meurtrier et a été pris par surprise. Vraisemblablement, il se tenait de côté, possiblement dans un angle perpendiculaire à la porte et au tireur. S'il avait été de face, il aurait été tué sur-le-champ. Or, Paul n'est pas mort tout de suite. Grièvement blessé, il s'est dirigé vers la porte. Lentement. Le second coup de feu est parti de sa gauche alors qu'il se trouvait à l'extérieur, à peu près au niveau du cadre de la porte. Le canon se situait à un mètre environ, en bas, mais orienté vers le haut selon un angle de cent trente-cinq degrés. Le souffle a formé un cône. Les plombs ont traversé l'épaule, le cou, avant d'atteindre la tête et de ressortir par le haut du crâne.

À douze pas, soit neuf mètres environ, Maggie est tombée. Ses blessures indiquent cinq impacts de balles, pour au moins quatre tirs. Les angles des tirs indiquent que les balles ont été tirées très vite, à environ un mètre de distance. Elle était en mouvement. Après qu'une balle l'a frappée à l'abdomen, Maggie serait tombée en avant, sur ses mains et ses genoux, à quatre pattes. Un premier tir à la tête l'a achevée, suivi d'un deuxième. La scène traduit une certaine désorganisation. À la barre, le docteur Kinsey a bien insisté sur un point : « Je ne peux pas inclure ou exclure deux tireurs. »

Retour dans la salle d'audience. C'est le moment des conclusions. Creighton Waters, le procureur, raconte cette histoire comme une fable. Celle d'un être qui chute. Il avait la cinquantaine, il venait d'une famille influente, il jouissait d'une vie de privilégié, mais il portait sur ses épaules le poids d'un passé trop lourd pour lui et traversait l'existence selon une certaine idée de la réussite, du succès, du pouvoir et de ce que signifie être un homme. « Il vivait dans un mensonge », appuie-t-il. Longtemps, personne n'a su qui il était. Des *slides* défilent depuis un Power-Point sur un écran avec des photos pour illustrer. Alex Murdaugh a trahi ses clients ? Une poignée de main apparaît. Une tempête allait fondre sur les Murdaugh ? Un orage. Après l'accident de bateau, la situation est devenue intenable, le monde d'Alex s'est effondré, son ego ne l'a pas accepté. « Et il s'est changé en annihilateur de famille. » La vidéo au chenil, les armes, la *timeline* : une seule personne avait le mobile, les moyens et l'opportunité de commettre ces meurtres. « Ne le laissez pas vous avoir », termine Waters. Dans ses conclusions, Jim Griffin pointe de nouveau les zones d'ombre dans l'enquête. Le mot de la fin est pour l'avocat John Meadors, celui qui ressemble au lieutenant Columbo. Il tient à remercier les chiens : sans Cash, pas de vidéo au chenil. Et sans Bubba, pas de poulet, et pas d'Alex Murdaugh sur la vidéo. « Je pense qu'il aimait Maggie et Paul », continue-t-il. Mais s'il y a bien une chose à savoir au sujet d'Alex Murdaugh, c'est qu'il aimait surtout Alex Murdaugh.

Le soir, tout le monde se dirige vers l'espace médias du Wildlife Center. Pour célébrer les derniers jours du procès, la greffière Becky Hill a prévu une soirée aux airs de banquet final. Sa fille Aubrey, chanteuse country dont le premier album, *Shine*, vient de sortir, se produira en concert. Pour l'occasion, les restaurateurs du Shorty's Smokin' Butts ont préparé de l'effiloché de porc BBQ et des petits ramequins de *mac'n cheese*. Une journaliste locale boit un gobelet de vodka avec du jus de cranberry. Joe McCulloch fait un petit discours. L'alcool et la nourriture, c'est pour lui. Pourquoi ? « Parce que je suis un mec sympa, glisse-t-il. Sauf si je vous poursuis en justice. » Aubrey chante *Stand By Me*. Becky Hill danse avec son mari. Objectivement, tout le monde semble passer un bon moment. Seul dans la salle des reptiles, le journaliste John Monk continue d'écrire. Une reporter s'étonne de cette ambiance et se demande : y a-t-il une leçon à tirer de toute cette affaire ?

***

En attendant le verdict, une star donne son avis. Dans une vidéo de deux minutes publiée sur les réseaux sociaux, O.J. Simpson livre son sentiment sur l'affaire, comme un adoubement au panthéon de la justice-spectacle. Si le verdict émerge rapidement, « The Juice » estime que Murdaugh sera déclaré coupable ; sinon il pourrait s'en sortir avec le doute raisonnable. « Mentir, voler, c'est autre chose que tuer. » Le joueur de football, accusé d'avoir assassiné son ancienne épouse et l'un de ses amis en 1994, n'a pas tout regardé, mais voici le fond de sa pensée : « Ce ne serait pas une surprise pour moi si ce type remportait cette affaire. »

Puis le signal, le vrai, arrive enfin, au bout du vingt-huitième jour de procès. L'œil torve, l'avocat de la défense Phillip Barber boit une bière, mange des ailes de poulet au comptoir du Main Street Grille. Il discute avec Brooke Brunson, la productrice du documentaire de HBO sur la dynastie Murdaugh, quand un type lui tapote sur l'épaule et dit : « Faut qu'on s'en aille. » Au même moment, dans l'espace médias du Wildlife Center, des reporters repèrent un mouvement de caméra sur le *livestream* et bondissent de leurs chaises pour courir vers le palais de justice. D'autres ont compris quand ils ont vu le maquilleur de Nancy Grace sortir son matériel. Christie raconte qu'elle était au restaurant, elle a payé l'addition en vitesse et conseillé à son mari de dépasser une voiture pour avoir une chance d'être là-bas à temps. Il est 18 h 41, le 2 mars 2023, trois heures après le début des délibérations, et un mot aimante journalistes, avocats et curieux vers le palais de justice : « verdict ».

L'atmosphère est électrique. « JamesFromCourt » est en place. Un officier de sécurité demande le silence : au moindre applaudissement, c'est la porte. Il est dix-neuf heures. Le juge Newman pénètre dans la salle d'audience et fait entrer le jury.

« Avez-vous un verdict ?

— Oui, monsieur. »

Alex Murdaugh se lève. D'une voix impersonnelle, Becky Hill lit les chefs d'accusation et, pour chacun, livre la même réponse : « Coupable. »

Pendant qu'elle scelle le sort de l'accusé, lui cligne des yeux et baisse la tête, mais reste droit. Derrière lui, Buster s'appuie sur l'accoudoir d'un banc. Il se passe une main sur son visage rouge, plus rouge que d'habitude, mais demeure absolument impassible.

« La preuve de la culpabilité est accablante », ajoute le juge. Demain, il prononcera la sentence. Le silence est rompu par le bruit des menottes. Les mains liées, le condamné disparaît par une porte. La famille est escortée par la police.

La lumière des projecteurs éclaire la nuit. L'équipe de l'accusation exulte. Les avocats se prennent dans les bras. Les enquêteurs aussi. Les journalistes s'activent sur la pelouse du tribunal. Becky Hill sourit du haut du balcon. Des gens se félicitent dans une ambiance de victoire de finale de la Coupe du monde. Un journaliste du *Guardian* a été parachuté en urgence depuis l'Angleterre. Arrivé avec exactement six semaines de retard, il a l'air perdu et demande, en substance, qui est qui. Scott Grooms prépare le bouquet de micros sur un pupitre. Face à une haie de caméras, le procureur Creighton Waters dit que la justice a été rendue, enfin. Il a une dernière leçon de morale à servir : « Peu importe quelle est votre famille. Peu importe combien d'argent vous avez ou combien les gens pensent que vous avez. Peu importe votre influence. Si vous enfreignez la loi, si vous tuez, la justice sera rendue en Caroline du Sud. »

Le lendemain matin, le convoi se gare à l'arrière du tribunal. Comme au premier jour du procès, la portière d'un van s'ouvre et le meurtrier s'extirpe d'une petite cage. En combinaison beige de prisonnier, les mains menottées, une paire de claquettes orange. L'État ne requiert pas la peine de mort, mais la prison à perpétuité. Alex Murdaugh souhaite prendre la parole. Debout, le regard droit devant lui, il répète ce qu'il a déjà dit : « Je suis innocent. Je n'aurais jamais fait de mal à ma femme Maggie et je n'aurais jamais fait de mal à mon fils Paul. »

Avant de prononcer la sentence, le juge Newman livre son appréciation de l'affaire, l'une des plus troublantes qu'il lui ait été donné de juger. « Nous avons une femme assassinée, un fils sauvagement tué, un avocat, une personne d'une famille respectée qui contrôle la justice dans cette communauté depuis un siècle, une personne dont le grand-père avait son portrait au fond de la salle d'audience. » Ils se sont croisés de nombreuses fois par le passé, et Newman peine à comprendre comment un être aussi sociable et sympathique a pu se retrouver dans une telle situation. Pendant l'annonce de la sentence, Newman dit aussi ceci : « J'ai présidé des affaires de meurtres au cours des vingt-deux dernières années, je ne me souviens pas d'un seul accusé capable de raconter ce moment de presser la détente pour tuer. » Il ajoute : « Je suis sûr que Maggie et Paul viennent vous voir quand vous cherchez le sommeil… » tente-t-il. Le visage figé dans un masque funèbre, Alex Murdaugh ouvre les lèvres et hoche la tête.

« Chaque jour et chaque nuit.

— J'en suis sûr, et ils continueront à le faire. Réfléchissez à la dernière fois qu'ils vous ont regardé dans les yeux. »

Alex Murdaugh a-t-il un dernier mot ?

« Je vous le redis : je respecte cette cour, mais je suis innocent. Je n'aurais jamais fait de mal à ma femme Maggie, en aucune circonstance, et je n'aurais jamais fait de mal à mon fils Paw-Paw, en aucune circonstance.

— Ce n'était peut-être pas vous. C'était peut-être le monstre que vous êtes devenu en consommant vingt, quarante, cinquante, soixante pilules d'opioïdes. Vous devenez une personne différente, j'ai déjà vu cela… »

Pour les meurtres de sa femme et de son fils, le juge condamne Alex Murdaugh à la prison. « Pour le restant de votre vie naturelle. »

***

Bien des questions restent sans réponse.

Premier niveau : que s'est-il passé exactement le soir du 7 juin 2021 ? Alex Murdaugh a-t-il pété un plomb ? Ou les meurtres étaient-ils prémédités depuis longtemps ? Pourquoi a-t-il tué Maggie et Paul, mais pas

Buster ? Connaîtra-t-on un jour la vérité ? Peu probable : l'avocat est le seul à la connaître, mais il ment dès qu'il parle.

Deuxième niveau : où est passé l'argent ? Environ 2,5 millions de dollars ont transité par son dealer, Curtis Eddie Smith, qui était en contact avec des trafiquants. Lors du procès, Alex Murdaugh a affirmé consommer cinquante mille dollars d'oxycodone par semaine, ce qui est impossible. Qu'a-t-il fait de ce qu'il n'a pas dépensé en cachets ? A-t-il tout dilapidé ? Ou a-t-il une fortune cachée quelque part ?

Troisième niveau : Alex Murdaugh était-il une brebis galeuse ou l'exemple exacerbé d'un dysfonctionnement systémique ? Pour certains, toute cette histoire est liée à la corruption rampante qui gangrène la Caroline du Sud, au *good ol' boy system* et à la séparation des pouvoirs établie après la fin de la guerre de Sécession. L'avocat Bill Nettles, qui fut procureur sous la présidence d'Obama, voit les choses d'un autre œil : « Les gens essaient d'en faire une histoire du Sud, analyse-t-il. Mais ce n'est pas le cas : c'est juste la nature humaine, mec. »

14.

LE RESTANT DE LA VIE NATURELLE

Il est 18 h 30, le 3 mars 2023, le soleil tombe sur Walterboro. Devant le tribunal, les journalistes et les techniciens se prennent dans les bras, s'envoient de grandes tapes et s'exclament : « Fier de toi ! » Ils remballent, plient trépieds, tentes et chaises de camping, tirent des chariots, remplissent les coffres des voitures, arrachent les câbles enfouis dans la terre comme des racines. En chaussettes sur une serviette, une présentatrice a retiré ses talons pour son dernier duplex. Des sacs de matériel gisent dans l'herbe verte. Le vrombissement des batteries se tait. Ses cheveux blancs retombés sur sa tête, le directeur du tourisme de Walterboro, Scott Grooms, invite à revenir en avril pour le festival du riz – mais ses traits exténués disent plutôt : « Tirez-vous d'ici. » Les foodtrucks mettent les voiles. Les uns après les autres, les camions à antenne quittent le parking et prennent le large. Sous un grand ciel rose, le cirque s'en va. Cap sur l'Idaho. Là-bas, une autre affaire passionne l'Amérique : un doctorant en criminologie est suspecté d'avoir tué quatre étudiants.

L'ouragan laisse derrière lui une écume étrange, à la fois glauque, amère et joyeuse. Les habitants s'échangent les meilleurs passages du procès comme les répliques de leur nouvelle série préférée. Une fan tricote des poupées à l'image de ses personnages favoris du procès. Devant sa télé, Terry McLeod, une habitante qui a suivi l'intégralité des retransmissions, rit à une blague du *Saturday Night Live* sur le procès d'Alex Murdaugh. Becky Hill, la greffière, s'envole pour New York, où les jurés sont invités à faire la tournée des médias – bientôt, elle sortira un livre sur les coulisses du procès. Le juge Newman prend des photos avec ses fans. Devant le magasin de Theresa, l'avocat Jim Griffin passe son visage à travers le panneau, pour ressembler à un cow-boy chevauchant un poulet géant, sous le message suivant : « J'étais au procès Murdaugh. »

Le printemps est précoce, les glycines et les azalées sont déjà en fleurs. La vie ralentit. Les rues de Walterboro sont calmes, comme un lendemain de carnaval, comme si tout cela n'avait été qu'un mauvais rêve. Le Wildlife Center est désert, et l'on entend la voix off des vidéos pédagogiques sur les reptiles. Scott Grooms s'occupe de payer les factures. Une journaliste de Fox News erre en s'interrogeant sur ce qu'il reste encore à raconter. Plus rien. Dans un bureau à moquette épaisse, le maire, Bill Young, se demande quel jour on est. Globalement, il est satisfait du déroulé des semaines passées, tout le monde s'est bien comporté. Les sentiments se mélangent. « C'est à la fois un soulagement et une déprime », explique-t-il. D'un côté, Walterboro est sur la carte. De l'autre, le cirque a laissé son empreinte et jeté le mauvais œil. Maintenant, il va falloir donner aux gens l'envie de revenir en période basse, hors procès pour meurtres. Comment tourner la situation à son avantage ? La question sera sûrement abordée lors du prochain conseil municipal. Pour l'heure, il est trop tôt pour tirer des conclusions sur les retombées économiques, estimer le flux de tourisme sur le long terme et évaluer si, au bout du compte, toute cette affaire est bonne ou mauvaise pour la région.

Un nouveau jour se lève sur Hampton. Jusqu'ici, le comté n'avait connu que les Murdaugh. Sous le porche de sa maison, en face du tribunal, l'historien Sam Crews III épluche le courrier. Il a connu le vieux Buster, Randolph III, Alex, toute la famille et toute l'histoire du comté. Récemment, il était sur Netflix pour en parler. Quelques jours après la fin du procès, il a l'air nerveux, plus que d'habitude. Sa voix est plus forte, son visage un peu plus rouge. C'est qu'après la diffusion du documentaire en trois parties, il a reçu des messages. Du bon et du moins bon. Une vidéo aussi est remontée sur Twitter, et son passé est revenu le hanter. Une avocate de Columbia à cinq cent mille abonnés s'est indignée : que faisait Samuel Francis Crews III sur Netflix ? Car oui, avant d'être enseignant et historien, il fut avocat, radié du barreau en 2010 pour avoir détourné de l'argent. « Je suis déçu par les gens, dit Sam Crews III. Tout le monde essaie de faire parler de soi sur Internet... » Pour se changer les idées, il propose d'aller faire un tour au cimetière de Hampton. Comme un symbole, la pierre tombale de Randolph Murdaugh III a été posée le lendemain du verdict.

Une femme se tient près de la sépulture de Maggie et de Paul, son chien en laisse. Sam Crews s'approche, la reconnaît et lance : « Salut, ma chère, comment ça va ? » C'est Lynn, la sœur d'Alex Murdaugh. Elle lui sourit. Pendant un moment, ils se prennent dans les bras. Sam Crews lui donne les objets qu'il a ramassés sur la tombe de Randolph III. Un hameçon, une balle de golf, une cartouche de fusil. Ils parlent du procès, du passé et du bien qui a été détruit par cette histoire. Une voiture approche. Un couple de touristes en sort et s'avance. « Vous pourriez me faire une faveur ? leur glisse Sam Crews. Cette femme est de la famille... Vous pourriez revenir dans un petit moment ? » Ils sont navrés, ils ne savaient pas. Depuis la diffusion du documentaire sur Netflix, les curieux empruntent le chemin du cimetière – ils sont environ une centaine à venir ici chaque jour. Une deuxième voiture apparaît, un autre couple à son bord. « C'est ridicule », lâche Lynn avec douleur, avant de quitter les lieux, en pleurs. Une autre voiture se gare.

***

Une affaire reste non élucidée : qu'est-il arrivé à Stephen Smith, le jeune homme retrouvé sur le bord d'une route en 2015 ? Une semaine après la fin du procès, sa mère, Sandy, donne un rendez-vous dans un restaurant mexicain, à quelques mètres de la firme, dont le nom des Murdaugh a disparu de l'enseigne. Elle commande une margarita, avec du sucre sur le bord du verre. Des ridules parcourent l'ensemble de son visage tendre et son regard s'illumine à l'évocation de son fils. Sa fossette, sa douceur ou l'âge qu'il aurait aujourd'hui. D'une voix basse, elle résume, car il n'y a pas cent façons de dire la douleur avec laquelle elle doit bien vivre : « C'était juste mon garçon. »

Sur l'affaire, elle a déjà tout raconté et peine à comprendre pourquoi des journalistes continuent de la solliciter. Dernièrement, c'était Court TV et *The New York Post*. Elle a dit oui à HBO mais non à Netflix. « Ils voulaient acheter l'histoire de mon fils, mais elle n'est pas à vendre. » Pendant le procès, elle s'est tenue à l'écart. « C'était déjà assez le cirque comme ça. » Elle considère que la justice a été rendue pour Maggie et Paul mais est incapable de s'en réjouir. « C'est simplement triste », dit-elle. Maintenant que les meurtres de Moselle ont été jugés, elle attend d'autres réponses.

Dans la foulée des assassinats de Maggie et de Paul, les policiers ont rouvert l'enquête sur la mort de son fils Stephen. Pour Sandy Smith, c'est une lueur d'espoir, certes, mais elle reste prudente : huit ans à se battre pour la vérité l'ont habituée aux attentes déçues et aux déconvenues. Sur les réseaux sociaux, elle évite de lire les dernières théories et rumeurs, même si elle finit toujours par les découvrir. « Les détectives amateurs font plus de mal que de bien », estime-t-elle. Elle répète plusieurs fois : « Personne n'est vraiment capable de compassion. »

Le 21 mars 2023, les policiers ont requalifié la mort de Stephen Smith en homicide. Quand elle a appris la nouvelle, Sandy a ressenti quelque chose qui ressemblait à une forme de paix. Début avril, le corps de son fils était exhumé pour une seconde autopsie. À l'heure où sont écrites ces lignes, l'enquête se poursuit, avec les mêmes avocats, experts et journalistes. Et tant pis si la piste Murdaugh finit par s'éloigner. Sandy Smith veut juste connaître la vérité.

***

« Et maintenant Buster ! » a crié un énergumène quand Alex Murdaugh est parti en prison pour le restant de ses jours. Depuis 2015, le nom du fils aîné revient sans cesse dans l'affaire. En mars 2023, le jeune homme de vingt-six ans a réagi pour la première fois par l'intermédiaire de l'avocat Jim Griffin. « J'ai fait de mon mieux pour ignorer les rumeurs vicieuses sur mon implication dans la mort tragique de Stephen Smith qui continuent d'être publiées dans les médias, alors que je fais le deuil des meurtres barbares de ma mère et de mon frère. Mes pensées vont à la famille de Stephen. »

La rumeur est coriace, ancrée dans les esprits avec la fascination pour les Murdaugh. Des photographes pourchassent Buster, une mystérieuse voiture s'est mise à traîner devant chez lui, un SUV l'a suivi. Le voilà traqué comme une bête destinée à nourrir un feuilleton qui semble ne jamais pouvoir rassasier totalement l'Amérique. Qu'importe la vérité, le jeune homme a compris quelque chose : être un Murdaugh a longtemps été un privilège, mais c'est désormais une malédiction avec laquelle il doit vivre.

Au tribunal du comté de Colleton, la salle d'audience est déserte et les lumières sont éteintes. Le portrait du vieux Buster Murdaugh est de retour sur son clou. Son visage pâle rayonne dans l'obscurité. Le regard serein et un long cigare dans une main détendue, il veille comme une ombre sur cette terre de pins et de marécages qu'on appelle le Lowcountry.

**Pour prolonger l'enquête,
retrouvez des documents inédits ici :**

ANNEXES

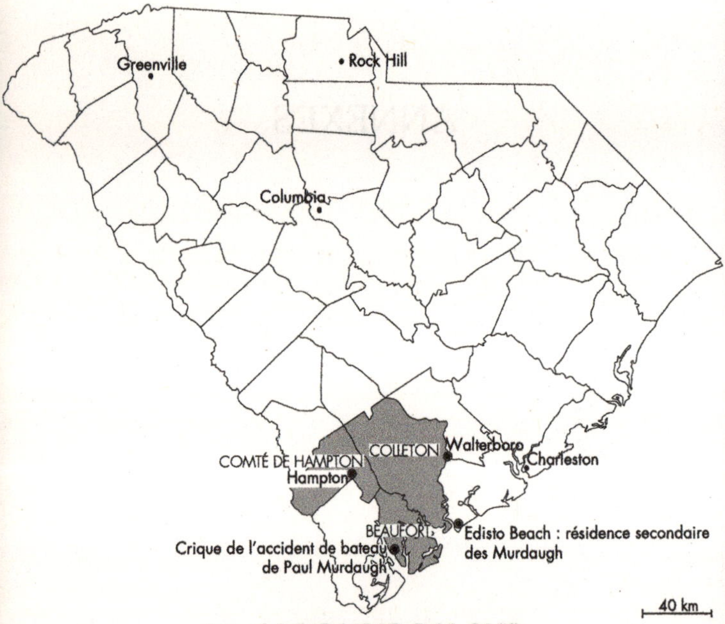

LA CAROLINE DU SUD

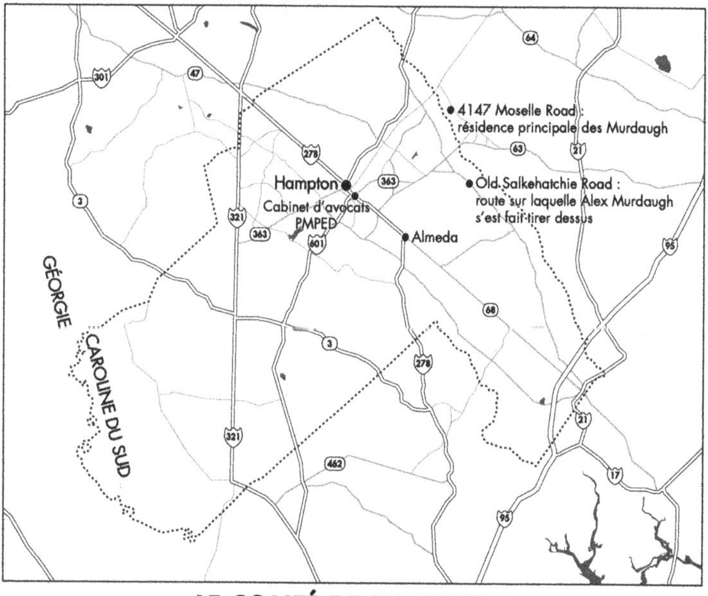

LE COMTÉ DE HAMPTON

Chronologie

1885 : La famille Murdaugh s'installe à Hampton.

19 juillet 1940 : Mort de Randolph Murdaugh Senior, premier procureur de la famille, percuté par un train.

15 novembre 1951 : Une descente de police dans une distillerie de whisky illégale révélera l'implication de plusieurs hommes puissants de la région, dont Randolph Murdaugh Junior, dans ce qui sera appelé « la conspiration du whisky du comté de Colleton ».

17 septembre 1956 : Début du procès de la conspiration du whisky du comté de Colleton, à l'issue duquel plusieurs hommes seront condamnés, mais pas Randolph Murdaugh Junior, que certains accusent pourtant d'être la tête pensante du réseau.

1986 : Randolph Junior est forcé de se retirer après quarante-huit ans de service. C'est son fils Randolph III qui lui succède.

5 février 1998 : La Caroline du Sud pleure la mort de la légende Randolph Murdaugh Junior.

8 juillet 2015 : Découverte du corps de Stephen Smith, étudiant ouvertement gay qui affirmait entretenir une liaison avec un homme influent du comté de Hampton. Le nom de Murdaugh apparaît à plusieurs niveaux dans l'enquête.

2 février 2018 : Gloria Satterfield, femme de ménage chez les Murdaugh depuis plus de vingt ans, vient de faire une chute dans l'escalier. Elle meurt trois semaines plus tard des suites de ses blessures ; les circonstances de sa chute sont troubles.

24 février 2019 : À bord d'un bateau appartenant à sa famille, Paul Murdaugh percute un pylône avec cinq de ses amis. L'une d'entre eux, Mallory Beach, dix-neuf ans, perd la vie dans l'accident. Paul sera mis en examen.

7 juin 2021 : Maggie Murdaugh et son fils Paul Murdaugh sont assassinés par balle à leur domicile de Moselle Road.

22 juin 2021 : L'enquête sur la mort de Stephen Smith est rouverte.

11 août 2021 : Premier interrogatoire d'Alex Murdaugh.

4 septembre 2021 : Alex Murdaugh appelle la police et affirme s'être fait tirer dessus par un inconnu alors qu'il changeait la roue de sa voiture.

14 octobre 2021 : Alex Murdaugh est arrêté pour avoir détourné de l'argent qui revenait aux enfants de Gloria Satterfield.

14 juillet 2022 : Alex Murdaugh est interrogé par l'agent David Owen, qui lui annonce qu'il est suspecté des meurtres de sa femme et de son fils.

23 janvier 2023 : Début du procès Murdaugh, qui durera vingt-huit jours. Plus de soixante-dix témoins seront entendus.

2 mars 2023 : Le verdict du procès est rendu par la cour : Alex Murdaugh est déclaré coupable pour tous les chefs d'accusation et condamné à la prison à perpétuité.

Généalogie Murdaugh

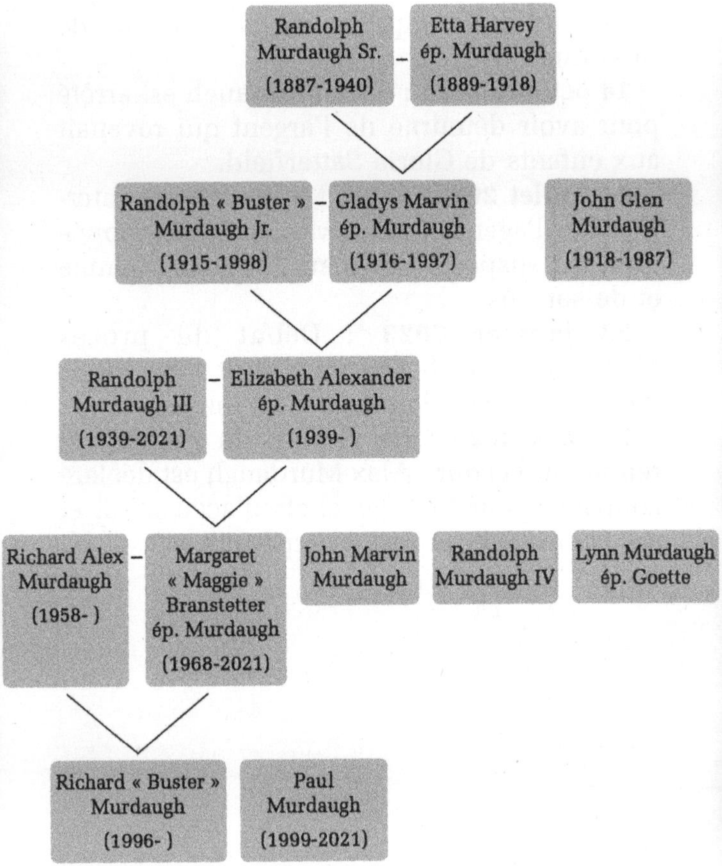

Sources

Ce livre a été réalisé grâce à un suivi des six semaines du procès d'Alex Murdaugh au tribunal du comté de Colleton et une trentaine d'interviews entre le comté de Hampton, Columbia et Walterboro.

Cette histoire n'aurait pu être racontée sans le travail des journalistes locaux qui ont suivi l'affaire depuis des années, en particulier Michael DeWitt, John Monk, Will Folks, Mandy Matney et Liz Farrell, Brooke Brunson.

Le livre s'appuie sur un travail de recherche dans les archives de la presse nationale et locale, les documentaires et podcasts produits sur le sujet : *The New York Times* ; *The New Yorker* ; *The New York Post* ; *The Daily Mail* ; *The State* ; *The Post and Courier* ; *The Hampton County Guardian* ; « Murdaugh Murders Podcast », le documentaire de HBO

Low Country : The Murdaugh Dynasty ; le documentaire de Netflix *Le Sang des Murdaugh* ; les threads de comptes rendus du reporter Avery Wilks ; le *livestream* de « Law and Crime » ; les archives du *Post and Courier* de la bibliothèque de Charleston ; les archives du *Hampton County Guardian* à la bibliothèque du comté de Hampton ; le livre *Both Sides of the Swamp* (1997) et l'ouvrage *From the Salkehatchie to the Savannah*.

Remerciements

Terry McLeod, Becky Hill, Scott Grooms, John Monk, Joe McCulloch, Will Folks, Michael DeWitt, Jason Ryan, Bill Nettles, Kim Brant, Sam Crews III, Brooke Brunson, Andrew Davis, Jamie Harrelson, Trey Harrelson, Janice Harrelson, Bill Young, Amy Scheer, James Tuten, Eric Bland, Sandy Smith, Polly, Alex Postic, Suzanne Andrews, Thad Moore, Ted Clifford, Edgar Castillo, l'équipe de Coconut's, les habitants de Walterboro, Stéphane Régy et Elsa Delachair.

Table des matières

Partie 1
UNE HISTOIRE VRAIE EN L'AN 2021

Partie 2
MURDAUGHPALOOZA

Partie 3
LE PAYS DES MURDAUGH

Partie 4
L'ART DU BULLSHIT

Partie 5
APRÈS L'ORAGE

ANNEXES

Achevé d'imprimer par
Normandie Roto Impression s.a.s. à Lonrai
N° d'impression : 2302840

Imprimé en France